Anti Selart, Mati Laur

Dorpat / Tartu

Geschichte einer Europäischen Kulturhauptstadt

BÖHLAU

Der Druck dieses Buches wurde ermöglicht durch Förderungen der Beauftragungen der Bundesregierung für Kultur und Medien sowie durch Zuschüsse von der Stiftung des Verbands der Baltischen Ritterschaften e. V., der Paul-Kaegbein-Stiftung, der Deutsch-Baltischen Gesellschaft in Niedersachsen e. V. sowie der Carl-Schirren-Gesellschaft e. V.

Bibliografische Information der Deutschen Nationalbibliothek:
Die Deutsche Nationalbibliothek verzeichnet diese Publikation in der Deutschen Nationalbibliografie; detaillierte bibliografische Daten sind im Internet über https://dnb.de abrufbar.

© 2023 Böhlau Verlag, Zeltgasse 1, A-1080 Wien, ein Imprint der Brill-Gruppe (Koninklijke Brill NV, Leiden, Niederlande; Brill USA Inc., Boston MA, USA; Brill Asia Pte Ltd, Singapore; Brill Deutschland GmbH, Paderborn, Deutschland; Brill Österreich GmbH, Wien, Österreich)
Koninklijke Brill NV umfasst die Imprints Brill, Brill Nijhoff, Brill Hotei, Brill Schöningh, Brill Fink, Brill mentis, Vandenhoeck & Ruprecht, Böhlau, Verlag Antike und V&R unipress.

Alle Rechte vorbehalten. Das Werk und seine Teile sind urheberrechtlich geschützt. Jede Verwertung in anderen als den gesetzlich zugelassenen Fällen bedarf der vorherigen schriftlichen Einwilligung des Verlages.

Umschlagabbildung: „Steinbrücke über die [!] Embach". Künstlerin: Benita Baronin von Grotthuß-Behr. Baltische Landeskundliche Sammlung der Deutsch-Baltischen Gesellschaft e. V., Darmstadt. Fotografie: Martin Pabst

Umschlaggestaltung: Michael Haderer, Wien
Redaktion: Martin Pabst, Deutsches Kulturforum östliches Europa
Korrektorat: Constanze Lehmann, Berlin
Satz: Bettina Waringer, Wien
Druck und Bindung: UAB Balto Print, Vilnius
Printed in the EU.

Vandenhoeck & Ruprecht Verlage | www.vandenhoeck-ruprecht-verlage.com

ISBN 978-3-205-21826-5

Inhalt

Vorwort 7

Mittelalter – die Anfänge der Stadt 9

Die Hanse- und Bischofsstadt 27

Unter Moskauer Herrschaft 43

Die polnische Zeit 45

Unter der Schwedischen Krone (1625–1704) 53

Dorpat im Großen Nordischen Krieg 77

Unter den Flügeln des russischen Adlers im 18. Jahrhundert . 85

Athen am Embach (19. Jahrhundert) 105

Vom Kaiserreich zur Republik
(1900–1920) 141

Dorpat zwischen den Weltkriegen 155

Der Zweite Weltkrieg 169

Sowjetische Stadt unter Hammer und Sichel 179

Der Weg von Ost nach West 191

Abbildungsnachweise 201

Straßennamenverzeichnis 203

Auswahlbibliographie 205

Orts- und Personennamenregister 209

Vorwort

Ein europäischer Ort, belehnt durch einen Kaiser des Heiligen Römischen Reichs, Teil eines Territoriums im Besitz von Kreuzrittern, heftig umkämpft vom Königreich Polen und von russischen Fürsten und Zaren, unter dem schirmenden Schutz des lutherischen Großreichs Schweden, schließlich Provinz des Russländischen Imperiums – kann es so viele Schnittmengen in Europa überhaupt geben? Doch damit nicht genug, schließlich kulturell-wissenschaftliches Zentrum eines unabhängigen baltischen Staates, mehrmals von Diktaturen überrannt, um für über vier Jahrzehnte in sowjetischer Finsternis zu verblassen und schließlich heute umso mehr in einem Mitgliedsland der Europäischen Union zu erstrahlen? Ja, so eine bewegte Geschichte gibt es tatsächlich. In der Stadt Dorpat, estnisch Tartu, der zweitgrößten Stadt Estlands und bis heute dessen universitärer Mittelpunkt.

So ist Dorpat/Tartu mit gutem Grund zur Kulturhauptstadt Europas 2024 auserwählt worden, spiegelt sich doch hier eine vielfältige europäische Vergangenheit mit deutschen, estnischen, russischen, aber eben auch polnischen, schwedischen oder lettischen Anteilen. Jahrhundertelang war die Stadt einer der Knotenpunkte der Hanse im Austausch zwischen Mittel-, West- und Nordeuropa mit dem Russländischen Reich. Nicht immer konfliktfrei war das Verhältnis der deutschbaltischen Kaufleute Dorpats zu ihrem Stadtherrn, dem Bischof, der vom Domberg aus sein Hochstift regierte. Die Frühe Neuzeit brachte im Widerstreit der Großmächte nur selten Glück, wohl aber unter schwedischer Ägide die erste Universität der Ostseeprovinzen, die als „Landesuniversität" wesentlich zum Zusammengehörigkeitsgefühl der Deutschbalten Estlands, Livlands und Kurlands beitragen sollte. Erst die Neuzeit unter den russländischen Kaisern brachte neue Perspektiven und ließ Dorpat aus einer studentisch geprägten Provinzstadt, „Embach-Athen" genannt, zur Keimzelle des estnischen Erwachens und zum Zentrum einer agilen Kulturbewegung der Esten werden, die dem bald entstehenden modernen Estland bis heute maßgebliche Impulse gibt.

Seit Jahren setzt sich das Deutsche Kulturforum östliches Europa auch mit den Kulturhauptstädten im östlichen Europa auseinander: Sie werden einer breiten Öffentlichkeit vorgestellt, Medienvertreter werden dorthin eingeladen, ein Stadtschreiberstipendium wird in der Stadt eingerichtet. Und im Idealfall wird auch eine Stadtgeschichte angeboten. Genau dies ist im Falle von Dorpat/Tartu geglückt: Das Interesse des Böhlau Verlags Wien traf mit der Kompetenz zweier Historiker der Universität Tartu zusammen und ließ unter Vermittlung des Kulturforums eine kleine Stadtgeschichte der europäischen Kulturhauptstadt 2024 entstehen. Wir danken unseren Autoren Anti Selart und Mati Laur, dass sie neben ihren vielfältigen Verpflichtungen in Forschung und Lehre ihre umfangreiche Expertise in diesem Band zusammengefasst haben.

Wir wünschen dieser kleinen Geschichte Dorpats eine breite Leserschaft, die sich auch über das Kulturhauptstadtjahr hinaus für diese Stadt und ihre reiche europäische Geschichte begeistern lässt.

Deutsches Kulturforum östliches Europa

Mittelalter – die Anfänge der Stadt

Lage und Name der Stadt

An der Stelle, wo Dorpat/Tartu liegt, musste früher oder später eine Stadt entstehen. Der Fluss Embach/Emajõgi ist zwar eher kurz (etwa 100 km), aber tief und fließt in einem breiten Urstromtal, von ausgedehnten Sümpfen und Morasten umgegeben. Dorpat ist einer der wenigen Orte, wo fester Boden von beiden Seiten bis zum unmittelbaren Flussufer reicht, hier hat es also im östlichen Estland faktisch die einzige durchgehend benutzbare Verbindung zwischen den nördlichen und südlichen Gebieten des Landes gegeben. Der Embach selbst hatte aber bis zur Mitte des 20. Jahrhunderts die Rolle einer wichtigen Verkehrsader inne. In Richtung Osten, jenseits des großen Peipussees, sind die Gewässer bis Narwa/Narva oder zum russländischen Pleskau/Pskow schiffbar. Nach Westen verkehrten die Schiffe einst bis zum Wirzsee/Võrtsjärv. Ob einmal eine Wasserstraße vom Peipussee bis nach Pernau/Pärnu und der Ostsee bestand, ist fraglich. So ein Gewässersystem ist auf einigen frühneuzeitlichen Karten dargestellt worden, aber die Oberläufe der Flüsse Tennasilm/Tänassilma und Ningal/Raudna bei Fellin/Viljandi sind doch wohl immer so flach gewesen, dass auch kleine Schiffe hier nicht fahren konnten. Die in der Frühen Neuzeit tatsächlich vorgenommenen Versuche, zwischen Dorpat und der Ostsee eine Wasserverbindung zu schaffen, haben sich alle als zu kompliziert und sehr teuer erwiesen und sind gescheitert. Damit ist aber nicht ausgeschlossen, dass die kleineren Flüsse, besonders bei Hochwasser, auch für Langstrecken-Warentransporte mit

Abb. 1: Dorpat im historischen Livland und mit den heutigen Staatsgrenzen.

Booten verwendet wurden – übrigens besaß der Embach ebenfalls einige gefährliche Stromschnellen, die erst im 20. Jahrhundert beseitigt wurden. Auch die einst weitverbreitete Flößerei ist hier zu erwähnen.

Das wechselvolle Relief in Dorpat war geeignet, hier eine Festung zu gründen, die diesen Verkehrsknotenpunkt kontrollieren sollte. Die teilweise steilen Hänge des Urstromtals mit einschneidenden Klammen boten gute Gelegenheit, eine Burg zu bauen. Festungsarbeiten und Kiesgewinnung haben im Laufe der Jahrhunderte das Landschaftsbild im Stadtgebiet übrigens erheblich verändert. Im näheren Umfeld befanden sich alte Siedlungszentren, Felder, Weiden und Wälder, die die neue Stadt mit allem Notwendigen versorgen konnten.

Der Name Embach, niederdeutsch Embeke, stützt sich auf das estnische Emajõgi, buchstäblich „Mutter-Fluss", der im Mittelalter auch als *Mater Aquarum* übersetzt wurde. Die ursprüngliche Bedeutung des Wortes „ema" in diesem Zusammenhang ist „Großer" oder „Haupt-Fluss". Der Name der Stadt, der ursprünglich *Tarvatu oder *Tarbatu gewesen sein mag, geht wahrscheinlich auf den estnischen Wortstamm „tarvas" (Auerochse) zurück. Aus dieser Urform stammen das estnische Tartu (südestnisch Tarto), das lateinische Tarbatum, das lettische Tērbata und das mittelniederdeutsche Darbete oder Dörpt, die in der Frühen Neuzeit ihrerseits dem hochdeutschen Dorpat und polnischen und russischen Derpt zugrunde lagen. In altrussischen Texten hießen Burg und Stadt hingegen Jur'ev, nach dem Fürsten Jaroslav Vladimirovič, dessen Taufname Jur'ij (Georg) war. Diese Parallelformen wurden gleichzeitig in den unterschiedlichen Sprachen verwendet. Die Vorstellung eines „offiziellen" Namens entstand erst im 19. Jahrhundert, als die russische Regierung unter Kaiser Alexander III. die Stadt 1893 amtlich in Jur'ev umbenannte und die Verwendung der anderen Namensformen verbot. Hierin kann ein Grund liegen, warum Dorpat im Estnischen wie im baltischen Deutsch zahlreiche poetische Synonyme hatte – Embach-Athen, Embachstadt oder Taaralinn („Stadt von Taara", einer pseudomythologischen estnischen Gottheit). In den 1930er-Jahren verbot die estnische Regierung wiederum die öffentliche Benutzung der nicht-estnischen Ortsnamen auch in fremdsprachlichen Publikationen. Das lokale deutsche Blatt hieß seit 1934 *Deutsche Zeitung* statt *Dorpater Zeitung* – „Tartu" zu verwenden, übersteige die Kräfte der Herausgeber dieses Blättchens, kommentierte damals die estnische Presse ironisch.

Die Ursprünge der Burg

Archäologische Funde belegen, dass die Burg Dorpat im 8. Jahrhundert entstanden ist. Im 8.–10. Jahrhundert handelte es um eine damals in der gesamten baltischen Region typische Verbindung von Wallburg und Siedlung. Beide waren von bescheidenem Umfang. Die wikingerzeitlichen Burgen in Südostestland stellten lokale, eher kleinräumige Macht- und Wirtschaftszentren dar, deren ökonomische Grundlage einerseits die vor Ort gewonnenen landwirtschaftlichen Produkte bildeten, andererseits aber trieben sie auch „internationalen" Pelzhandel. Besonders von Archäologen gefundene Biberknochen belegen den bedeutenden Umfang des Letzteren.

In schriftlichen Quellen ist Dorpat zum ersten Mal um 1030 erwähnt worden. Das Datum ist ungenau, erst Jahrzehnte später hat ein Redakteur den ursprünglichen Chroniktext mit Jahreszahlen versehen. Der Eintrag in der altrussischen, sogenannten Nestorchronik lautet: „In diesem Jahr zog Jaroslav gegen die Tschuden, und er besiegte sie und errichtete die Stadt Jur'ev." Als Tschuden werden in den altrussischen Texten die ostseefinnischen Völkerschaften bezeichnet, zu denen auch die Esten gehören. Jaroslav Vladimirovič, Fürst von Nowgorod und Großfürst von Kiew († 1054), gilt als eigentlicher Gründer des altrussischen Reiches und dessen Institutionen. Es war eine Zeit der generellen Umwälzungen in der gesamten Region. Die Hortfunde aus Estland belegen, dass hier während der ersten Jahrzehnte des 11. Jahrhunderts die früher verbreiteten arabischen Münzen durch deutsches und angelsächsisches Silber ersetzt wurden, eine

Entwicklung, die in Nordeuropa schon im 10. Jahrhundert begonnen hatte. Der Wandel zeigt eine allgemeine Umstellung in der Wirtschaft und Kommunikation. Die Burgsiedlungen in Südostestland (Landschaft Ugaunien), die wohl wegen des Kriegszuges Jaroslavs untergegangen sind, wurden nie mehr wiederaufgebaut.

In Dorpat, nicht nur auf dem Burgberg, sondern auch an seinem Fuß, entstand aber im 11. Jahrhundert eine ständige Siedlung, die archäologisch nachvollziehbar ist. Die Funde belegen einen starken altrussischen Kultureinfluss. 1061 ist diese Burg dann von *sosoly* vernichtet worden. Das Wort in der altrussischen Chronik stammt wahrscheinlich aus dem altnordischen *sýsla* – Bezirk, Provinz. West- und Nordwestestland hieß in den skandinavischen Quellen *Aðalsýsla* („Haupt-" oder „Großes Land", wohl gegenübergestellt der Insel *Eysýsla* – Ösel/Saaremaa). Also handelte es sich bei den *sosoly* wahrscheinlich um die autochthonen Einwohner von Nord- oder Westestland. Kurz davor war der Großfürst Izjaslav Jaroslavič von Kiew († 1078) selbst gegen die *sosoly* vorgegangen und hatte sie mit schweren Steuern belastet. Der Krieg mit den *sosoly* führte damit zum Zusammenbruch der altrussischen Herrschaft in Dorpat und Südostestland.

Die Estenburg Dorpat

Im folgenden Jahrhundert wurde Dorpat zwei Mal in den altrussischen Chroniken erwähnt. 1134 eroberte der Nowgoroder Fürst Vsevolod Mstislavič Dorpat und 1191/92 der Fürst Jaroslav Vladimirovič von Nowgorod. Weil die archäologischen Befunde die Existenz einer Siedlung in dieser Zeit nicht eindeutig bestätigen, bestand hier nach 1061 wahrscheinlich nur die Burg, aber keine frühstädtische Siedlung mehr. Die Rolle des wichtigsten Zentrums der Region wurde von Odenpäh/Otepää etwa 40 km südlich übernommen. Die in den 1220er-Jahren verfasste

Chronik Heinrichs von Lettland, die Erzählung der Geschichte der livländischen Kreuzzüge seit den 1180er-Jahren, erwähnt im Zusammenhang eines Plünderungszuges der „deutschen" Kreuzfahrer nach Ugaunien 1211, dass sie „das ganze Land von den Letten verwüstet, die Burg Dorpat, die ebenfalls vormals von den Letten verbrannt worden war, verlassen" fanden. Um 1180 war am Unterlauf der Düna/Daugava ein Zentrum der überwiegend aus den deutschen Ländern stammenden Kaufleute und Missionare entstanden, das in den 1190er-Jahren die Unterwerfung und Eroberung des Landes der livischen, lettischen und estnischen Stämme initiierte, die mit der Einbeziehung in die Strukturen der römischen Kirche einherging. Weil der Hauptort des Gebiets, das 1201 nach Lübeck als zweite deutschrechtliche Stadt an der Ostsee gegründete Riga/Rīga, im livischen Siedlungsbereich lag, kam der Name Livland als Bezeichnung des gesamten Landes zwischen Finnischem Meerbusen und Litauen in Gebrauch. Während Nordlettland und Estland, das Letztere in teilweise heftiger Konkurrenz mit dem dänischen König, bis 1227 unterworfen wurden, dauerten die Kämpfe in Süd- und Ostlettland bis um 1300.

Also ist die Bedeutung Dorpats im 12. Jahrhundert wahrscheinlich zurückgegangen und es besteht keine frühstädtische Kontinuität zwischen der altrussisch geprägten Siedlung im 11. Jahrhundert und der im 13. Jahrhundert entstandenen deutsch geprägten Stadt. Jedenfalls ist die Bedeutung des ohnehin verkehrsgeografisch bedeutenden Ortes gerade im Laufe der baltischen Kreuzzüge erheblich gestiegen. Um 1220 wurde die Burg unter der Leitung der Schwertbrüder, des um 1202 in Livland von den Kreuzfahrern aus den deutschen Ländern gegründeten geistlichen Ritterordens, neu befestigt. Während des großen estländischen Aufstandes gegen die Eroberer 1223 entstand hier das Zentrum des Widerstandes. Die estländischen Landschaften kooperierten jetzt mit den russischen Fürsten von Nowgorod und Pleskau gegen die Rigaer Deutschen, sollten für diese Hilfe aber auch bezahlen: Nach Dorpat kam Vjačko, ehemals Kleinfürst im lettländischen Kokenhusen/Koknese an der Düna, der jetzt auf eine Herrschaft über Südostestland hoffte. 1208 war er vor dem Druck der Rigaer Kreuzfahrer in die Rus' geflohen. 1223 erschien er als Nowgoroder Dienstmann samt einer Hilfstruppe in Dorpat und fing an, in der Region Steuern einzutreiben.

Am 15. August 1224 sammelte sich vor der Burg Dorpat ein Heer, das aus allen Teilen des vom Rigaer Lager kontrollierten Livland zusammengezogen war. Die heftige Belagerung mit Einsatz von Steinwurfmaschinen, Belagerungstürmen, Feuer, Bögen und Armbrüsten dauerte mehrere Tage. Vjačko, der auf Nowgoroder Hilfe hoffte, war zu keinem Frieden bereit, bis die Burg endlich im Sturm erobert wurde. Laut dem Chronisten Heinrich wurde in der Burg nur einem einzigen Mann, einem Gefolgsmann des Großfürsten von Wladimir, das Leben geschenkt, der später als Bote nach Nowgorod und Suzdal geschickt wurde.

Damit war das ganze estnische Festland unter der Kontrolle der Kreuzfahrer, vertreten einerseits durch die Bischöfe Albert von Riga, dessen Bruder Hermann von Leal/Lihula sowie den Schwertbrüderorden und andererseits den König von Dänemark. Die Teilung der unterworfenen Gebiete war ein langwieriger Prozess, der von zahlreichen internen Konflikten begleitet wurde. Jedoch fiel 1224 die Entscheidung, dass Bischof Hermann von Leal der Herr über Südostestland und somit auch über Dorpat wurde. Obwohl der Bischof selbst noch für einige Jahre in Odenpäh blieb, gründete er schon 1224 in Dorpat den Dom und das Domkapitel. Dorpat war von nun an das Zentrum des Bistums, wodurch auch die Voraussetzungen für die Entstehung der mittelalterlichen Stadt geschaffen worden waren. Und weil Leal, der ursprünglich geplante Zentralort des Bistums, in Westestland außerhalb der Diözese Hermanns lag, wurde das Bistum 1235 auch formell in Bistum Dorpat umbenannt.

16 Mittelalter – die Anfänge der Stadt

Abb. 2: Im 16. Jahrhundert wurde in Livland der „Ferding", eine Silbermünze im Wert von einer Viertelmark geprägt. Den oberen Ferding ließ Bischof Johannes VI. Bey 1533 prägen, den unteren der letzte Bischof Hermann II. Wesel 1555, kurz vor der Eroberung des Bistums.

Das Bistum Dorpat

Die Diözese Dorpat umfasste das ganze südliche Estland, vom Peipussee und der Pleskauer Grenze im Osten bis zur Ostseeküste südlich von Pernau im Westen. Nach 1237, als der von Litauern im Vorjahr geschlagene Schwertbrüderorden in den Deutschen Orden eingegliedert wurde, war der letztgenannte Ritterorden Landesherr des Hauptteils der Diözese. Im Osten des Bistums war der Bischof selbst der Landesherr. Das sogenannte Hochstift erstreckte sich zwischen Peipussee und Wirzsee vom estnisch besiedelten Deutschordensgebiet im Norden bis zum lettisch besiedelten Territorium in Süden. Um die Herausbildung der Landesherrschaft zu fördern, bemühte sich Bischof Hermann wie auch die anderen livländischen Diözesanherren um eine engere Anbindung an das Heilige Römische Reich. So kam es dazu, dass 1225 der römisch-deutsche König Heinrich (VII.) Bischof Hermann mit dem Dorpater Hochstift als Markgrafschaft belehnte, ihm damit das Recht, Städte zu gründen und Münzen zu prägen, verlieh. Die Bischöfe von Dorpat wurden damit also Reichsfürsten, obwohl die Verbindung zum Reich in ihrer Politik bis zum 15. Jahrhundert eine eher untergeordnete Rolle spielte. Besonders im 13.–14. Jahrhundert war die Beziehung zu den Päpsten eindeutig wichtiger.

Die Herrschaft im Bistum teilte sich der Bischof mit dem Domkapitel, einem Zusammenschluss von anfangs wohl zwölf, später mindestens 20 Geistlichen. Diese stammten ab dem 14. Jahrhundert zumeist aus den adligen und bürgerlichen Familien Livlands, darunter auch aus der Stadt Dorpat und aus dem Hochstift. Zu ihren Aufgaben gehörte neben der Wahl und Beratung des Bischofs auch die Verwaltung der Besitztümer, die dem Domkapitel im Lauf der Zeit gestiftet wurden und aus denen es seine Einkünfte bezog. Das Dorpater Kapitel war das größte und reichste der Domkapitel im mittelalterlichen Livland.

Entstehung der Stadt

Dorpat war die einzige Stadt im Hochstift, gleichzeitig aber eine der drei „großen" Städte Livlands neben Riga und Reval/Tallinn. Besonders die frühe Geschichte der Stadt liegt leider fast gänzlich im Dunkeln. Die mittelalterlichen Dorpater Archive, sowohl die städtischen als auch die bischöflichen, sind vollständig verloren gegangen. Die ältesten vor Ort aufbewahrten schriftlichen Quellen sind Exzerpte aus den Ratsprotokollen aus dem Jahr 1547. Somit ist das Wissen über das städtische Leben in Dorpat im Mittelalter knapp und basiert mehrheitlich auf zufällig aufbewahrten Dokumenten, wie Briefen des Magistrats, die in Reval, Riga, Lübeck oder anderswo überliefert sind. Immer wichtigere Bedeutung für die Dorpater Geschichtsforschung haben die Resultate der archäologischen Ausgrabungen. Die Altstadt liegt am feuchten Flussufer, wodurch die Bedingungen für die Erhaltung organischen Materials relativ gut sind.

Noch in den 1230er-Jahren lag das Zentrum des Hochstifts wohl eher in Odenpäh. In jener Zeit mischte sich das Bistum auch in die lokale Politik in den altrussischen Zentren Nowgorod und Pleskau ein. Erst nachdem der Nowgoroder Fürst Aleksandr Jaroslavič mit dem Sieg über das livländische Heer auf dem Eis des Peipussees 1242 die eigene Herrschaft in Pleskau bestätigte, stabilisierten sich die politischen Verhältnisse in der Region. Um die Mitte des Jahrhunderts verlagerte sich das Machtzentrum des Bistums dann endgültig an den Embach. Die schriftlichen Quellen erwähnen die Stadt und nicht nur die Burg Dorpat eindeutig zum ersten Mal 1262. In diesem Jahr schickte Aleksandr Jaroslavič, jetzt der Großfürst von Wladimir, die vereinigten Truppen mehrerer altrussischer und litauischer Fürsten unter dem symbolischen Kommando seines minderjährigen Sohnes Dmitrij († 1294) gegen Dorpat. Die Nowgoroder Chronik berichtet:

> Und die Stadt Dorpat war stark, hatte drei Wände, und viele Menschen allerlei Art darin. Und sie errichteten auf der Burg eine starke Schutzwehr, aber die Kraft des ehrvollen Kreuzes und der Hagia Sophia[1] stürzt immer die Unrecht Habenden. So wurde auch diese Stadt, wie stark sie auch war, mit Gottes Hilfe durch einen einzigen Sturmangriff genommen. Und viele Leute der Stadt wurden getötet, und andere lebendig festgenommen, und

---

1   Die Personifikation von Nowgorod. Die Hauptkirche und Kathedrale von Nowgorod heißt Sophienkirche.

andere mit ihren Frauen und Kinder im Feuer verbrannt, und sie [die Nowgoroder] machten zahllose Beute und Gefangene. Aber den vornehmen Mann Petr Mjasnikovič hat man aus der Burg erschossen und getötet.[2]

Dass hingegen die Burg nicht erobert wurde, bestätigt die in den 1290er-Jahren auf Mittelhochdeutsch verfasste Livländische Reimchronik, hier in einer Nachdichtung von 1848:

Dorpat auch gewannen sie so / und brannten zu derselben Stund' / die Stadt darnieder bis auf den Grund: / eine Burg [die Bischofsburg] ihnen in der Nähe war, / wer die erreicht', entkam wohl gar. Domherren und der Bischof / gelangeten hin auf den Burghof, / die deutschen [Ordens]Brüder kamen auch dar, / man ward ihrer Hülfe, wohl gewahr. / Der Russen Heer, das war groß, / den Bischof mächtig das verdroß, / das Heer man zu der Burg entbot, / die Pfaffen fürchteten sehr den Tod, / das war von je ihr alter Brauch und heute noch treiben sie es so auch, / sie treiben, man solle sich tapfer wehren, / und selber zuerst zur Flucht sich kehren. / Die Brüder satzeten sich zur Wehr / und schossen auf der Russen Heer, / auch das andre Volk riefen sie an, / denn auf der Burg war mancher Mann, / die auch zur Wehr man greifen sah, / deß freuten sich die Domherrn da. / Die Russen mächtig das verdroß, / daß man so harte auf sie schoß, / ihre Schützen schossen wieder mit Eilen: / die Burg sie dann verließen ohne Weilen, / froh der Fahrt sie nahmen die Beute, / trieben vor sich her die gefangenen Leute / und eilten wieder, in ihr Land.[3]

---

2 Die erste Nowgoroder Chronik nach ihrer ältesten Redaktion (Synodalhandschrift) 1016–1333/1352, übersetzt von Joachim Dietze, Leipzig 1971, S. 83.

3 Die Livländische Reimchronik von Dittlieb von Alnpeke in das Hochdeutsche übertragen und mit Anmerkungen versehen von C. Meyer, Reval 1848, S.188 f.; Im Original: „Darbeten sie gewunnen dô / und branten an der selben stunt / die stat vil gar in den

Bei den 1262 erwähnten drei „Wänden" handelte es sich wahrscheinlich um hölzerne Befestigungen der Stadt. Aufgrund der Armut der Stadt bat der Dorpater Magistrat in einem Brief Lübeck um Hilfe beim Errichten der Stadtmauer: „unsere Befestigung, wenn sie zur Vollendung kommt, wird Stütze des Glaubens nicht nur unserer Provinz, sondern auch der darunter liegenden Welt sein. Sie wird ein Schild und eine Vormauer sein, Sicherheit der Bleibenden, Trost der Vorübergehenden, Friede der Fernen und Eigenen."[4] Der Brief ist zwar im Lübecker Stadtarchiv im Original erhalten, enthält aber kein Datum. In der Geschichtsschreibung wird er meist in die Zeit kurz nach 1262 datiert, als die Errichtung einer steinernen Mauer bestimmt besonders dringlich wurde. Die archäologischen Forschungen dagegen verorten die Errichtung der endgültigen Stadtmauer in die erste Hälfte des 14. Jahrhunderts. Vermutlich wurde damals

---

grunt. / eine burc in nâhen bie was: / wer dar ûf quam, der genas. / tûmhêrren und der bischof / quâmen ûf der burge hof. / die dûtschen brûdere quâmen ouch dar, / man wart irre hulfe wol gewar. / der Rûßen her was vil grôß. / den bischof sêre daß verdrôß. / daß her sich kein der burge bôt. / die pfaffen vurchten sêre den tôt. / daß was ie ir alder site / und wonet in noch vil vaste mite. / sie jehen, man sulle sich vaste wern: / mit vlîhen sie sich gerne nern. / die brûdere trâten an die wer, / sie schußßen kein der Rûßen her, / daß ander volc sie rieten an. / ûf der burc was manich man, / die zû der were griffen dô. / des wâren die tûmhêrren vrô. / die Rûßen sêre des verdrôß, / daß man sô vaste ûf sie schôß: / ir schutzen schußßen vaste wider. / von der burc sie kârten sider, / sie wâren der reise vrô. / lûte und gût sie nâmen dô / und îlten wider in ir lant". Livländische Reimchronik mit Anmerkungen, Namenverzeichnis und Glossar, Paderborn 1876, Strophen 6620–6649.

4 „quod munitio nostra, si ad perfectum venerit, fidei erit fulcimentum non solum nostrae provinciae, sed et terrarum infra iacentium scutum erit et antemurale, securitas manentium, commodum transeuntium, pax hiis, qui longe sunt et propre". Liv-, Esth- und Curländisches Urkundenbuch nebst Regesten, Bd. 1, Reval 1853, Nr. 216.

auch die gesamte ursprüngliche Planung der Stadt teils korrigiert, sodass ein in Grundzügen regelmäßiges Straßennetz entstand. Eine Möglichkeit dafür bot sich nach dem verheerenden Stadtbrand im Jahr 1328 oder 1329. Die zeitgenössische Nowgoroder Chronik erwähnt ihn wie folgt: „die ganze Stadt Dorpat und ihre Kirchen brannten ab, und die steinernen Häuser stürzten ein, und es brannten in Häusern 2530 Deutsche, aber Russen 4".[5] Ein weiterer großer Brand fand 1335 statt.

Stadtbevölkerung

Die mittelalterliche Stadt Dorpat hatte um 1300 ihre institutionelle und räumliche Gestalt entwickelt. Sie bestand aus dem landesherrlichen Domberg und der autonomen Unterstadt, wo das Rigaer Stadtrecht Geltung fand. Das Rigaer Recht hatte sich im Laufe des 13. Jahrhunderts auf der Basis der Stadtrechte von Visby und Hamburg entwickelt und galt in der Mehrzahl der livländischen Städte. Die gemeinsame Stadtmauer der Unterstadt und des Dombergs wurde im Laufe der Jahrhunderte ständig ergänzt und hatte um 1600 etwa 25 Türme und Tore. Die Einwohnerzahl der Stadt kann man nur sehr hypothetisch feststellen. 1582 zählte man in der Unterstadt 299 Grundstücke, davon 263 mit Wohnhäusern. Entsprechend kann die Einwohnerzahl um 1550, vor dem Livländischen Krieg, auf 4000 geschätzt werden. Im Vergleich zu den auf etwas besserer Basis beruhenden Einschätzungen für Riga (12.000) und Reval (6000–8000) scheint diese Einschätzung zu niedrig zu sein, sicherlich kommen noch die Einwohner des Dombergs und der Vorstädte dazu. Die ummauerte Fläche Dorpats samt Domberg (ca. 27,6 ha) war vergleichbar mit Riga (ca. 27,5 ha mit Burgterritorium) und kleiner als jene von Reval (ca. 35,3 ha mit Domberg).

---

5   Die erste Nowgoroder Chronik, S. 98.

Die wirtschaftlich und politisch dominierende Gruppe in den livländischen Städten bildeten die Fernkaufleute. Sie waren hansische Kaufleute, deren Familien ursprünglich vor allem aus Westfalen und Niedersachsen stammten, die aber schon im 13. Jahrhundert ein durch verwandtschaftliche, persönliche und Handelsbeziehungen verbundenes Netzwerk bildeten, das im gesamten Raum von Livland im Osten bis zum Rheinland und den Niederlanden im Westen aktiv war. Besonders durch diese Gruppe wurde Dorpat fest in die persönlichen und wirtschaftlichen Verbindungen integriert, die insgesamt die Grundlage des sogenannten Hanseraums bildeten. Exemplarisch lässt sich dies am Testament des Lübecker Bürgers Johan Holenbeke zeigen. Laut dem Testament aus dem Jahr 1359 hatte er seine Truhe in Nowgorod, seine Waffen aber befanden sich in Dorpat im Hause eines Johan Hoyngh. Er spendete neben Kirchen in Lübeck auch den Aussätzigen in Pernau und Reval sowie jeder Kirche in Dorpat zwei Gulden. 1363 testierte Holenbeke erneut und fixierte die Dorpater Zuwendungen genauer: Das Spital sollte zwei Gulden haben, die Zisterzienserinnen fünf, ebenso wie die Heiliggeistkirche und die Marienkirche. Also war Holenbeke zwar Bürger von Lübeck, reiste aber über Livland nach Nowgorod, um dort Handel zu treiben, und hatte enge, wahrscheinlich auch familiäre Beziehungen zu den livländischen Städten, besonders zu Dorpat.

Eine Besonderheit in der Geschichte des heutigen Estlands und Lettlands ist, dass die Deutschen zwar mit Adel, Klerus und Bürgertum als politischen und gesellschaftlichen Eliten das Land und die Städte beherrschten, gegenüber der autochthonen Bevölkerung, also Esten, Letten und Liven, aber stets in der Minderheit blieben. Am deutlichsten wird dies sichtbar an den Bezeichnungen „deutsch" und „undeutsch", die heute rückblickend oft als ethnische Definitionen missverstanden werden. Im Livland des Mittelalters und der Frühen Neuzeit beschrieben „deutsch" und „undeutsch" jedoch rechtlich-soziale Kategorien, deren offensichtlichstes Merkmal die verwendete Sprache – in

Dorpat (Nieder-)Deutsch oder (Süd-)Estnisch – war. An der Sprache lässt sich aber auch gut zeigen, dass die Grenze zwischen „deutsch" und „undeutsch" nie völlig abgeschottet war, sondern es stets Übergänge gab: So ist die Terminologie des städtischen Lebens und Handwerks im Estnischen aus dem Niederdeutschen entliehen und das mittlerweile fast ausgestorbene baltische Deutsch bezog seinen Wortschatz zur Landwirtschaft weitgehend aus dem Estnischen und Lettischen. Seit dem 14. Jahrhundert entwickelten sich in den livländischen Städten zunehmend diskriminierende rechtliche Regelungen, welche die Möglichkeiten der „Undeutschen" in Handel, Handwerk und Grundbesitz einschränkten. Das darf aber nicht darüber hinwegtäuschen, dass die „Undeutschen" die Mehrheit der Dorpater Stadtbevölkerung stellten und an allen Bereichen des städtischen Lebens beteiligt waren, bis auf den Fernhandel und einige angesehenere Handwerke, die den „Deutschen" vorbehalten blieben. Diese „Abschließung" gegenüber den „Undeutschen" zielte – wie die jüngere Forschung zeigt – nicht gegen die Esten als ethnische Gruppe, sondern gegen die vom Land zugewanderten Menschen. Ähnliche Regelungen entstanden im Spätmittelalter im gesamten Ostmitteleuropa, auch in ethnisch homogenen Regionen, wo die demografischen und landwirtschaftlichen Krisen des Spätmittelalters die Entstehung von Schollenpflicht und Leibeigenschaft mit sich brachten.

Eine Eigenart Dorpats im Vergleich mit den anderen livländischen Städten war ein aus der Rus' eingewanderter Bevölkerungsteil. Das Gebiet jenseits des Peipussees gehörte zum wirtschaftlichen Hinterland der Stadt. Am Ort des heutigen Botanischen Gartens lag, wie die archäologischen Forschungen belegen, die altrussische Siedlung aus der Frühperiode der Stadt im 13. Jahrhundert. Für die Zeit ab spätestens um 1300 haben die Archäologen auch hier die für eine Hansestadt typische materielle Kultur ausgegraben. Möglicherweise, weil während des Baus der Stadtmauer das feuergefährliche Töpferhandwerk an diesen Ort außerhalb der Stadt umgesiedelt worden ist. Der Stadtwinkel hieß aber dennoch bis zum Ende des Mittelalters „Russisches Ende". Hier befanden sich zwei orthodoxe Kirchen – St. Nikolai der Pleskauer und St. Georg der Nowgoroder. Die beiden gehörten den russländischen Fernkaufleuten, das heißt, sie funktionierten als Handelskontore, analog dem Hansekontor in Nowgorod, das ebenfalls über eine eigene Kirche verfügte.

Stadtgemeinde

Nicht alle Stadtbewohner waren auch Stadtbürger. Um Bürger zu werden, musste eine freie Person sich selbst „ernähren können", das heißt, ein selbstständiger Hausherr (aber nicht unbedingt Hausbesitzer) und in der Regel verheiratet sein, den Bürgereid leisten und das Bürgergeld entrichten. Die Zugehörigkeit zur römischen Kirche wurde als selbstverständlich vorausgesetzt. In der Tat bedeutete der Erwerb des Bürgerrechts die Erlaubnis, in der Stadt eigenen Handel oder Gewerbe zu treiben. Formell waren alle Mitglieder der Bürgerschaft als Schwurgemeinschaft gleichberechtigt. In ihrem Ansehen, Wohlstand und Handlungsspielräumen unterschieden sich ein deutscher Großkaufmann und ein estnischer Fuhrmann – obwohl beide Bürger waren – dennoch. Im Herbst 1554 wurden in Dorpat 118 Neubürger aus dem Handwerkerstand angenommen, von denen etwa 80 Esten waren. Vertreten sind Schmiede, Zimmerleute, Weber, Fischhändler, Maurer, Träger, Bräuer, Säger, Böttcher, Fischer, Schuhflicker, Knochenhauer, Schneider, Tischler, Pistelmaker (Hersteller von bäuerlichem Schmuck und Kleinhändler). Dabei bestand der Unterschied zwischen, zum Beispiel, „deutschen" und „undeutschen" Tischlern nicht in der ethnischen Herkunft der Meister, sondern in ihrer Produktion – ob sie für sozial „höhere" oder „niedrigere" Kunden bestimmt war. 1550 entschied der Dorpater Magistrat, dass die illegal in der Stadt arbeitenden und mit den städtischen Handwerkern konkurrierenden russischen Schuster verjagt werden sollen, ausgenommen vier geschickte Frauenschuster, die bleiben durften. Geistliche, Adlige oder fremde Kaufleute konnten in der Stadt zwar einflussreich sein, das Bürgerrecht blieb ihnen aber verwehrt.

Die Bürger bildeten die Stadtgemeinde. Dazu gehörten im breiteren Sinne eigentlich auch die Ehefrauen, andere Familien- und Gesindemitglieder der Bürger, die „individuell" keine Bürgerrechte besaßen. An der Spitze der Gemeinde stand der Rat. Bürgermeister und Ratsherren entstammten aus den Familien der Großkaufleute, die gleichzeitig auch Mitglieder der Großen Gilde waren. Bei einer Vakanz kooptierte der Rat neue Mitglieder aus dem Kreis der „ratsfähigen" Personen. Die städtische Autonomie blieb besonders in Sachen der Rechtsprechung vom Einfluss des Bischofs und Domkapitels begrenzt.

In der Kleinen Gilde waren die Handwerker vereinigt. Der Rat und die Gilden verkörperten die städtische Gemeinschaft als Kommune. Eine einflussreiche Korporation bildete noch die Kompanie der Schwarzenhäupter. Diese war eine Eigenart der livländischen Städte Riga, Reval und Dorpat: ein Zusammenschluss der jungen, noch nicht selbstständigen Kaufleute, Kaufgesellen und fremden Kaufleute. Ihren Namen verdankte die Kompanie ihrem Schutzheiligen Hl. Mauritius, dessen Kopf als Emblem der Korporation diente. Wahrscheinlich existierten in der Stadt noch weitere, kleinere und vor allem mit religiösen Zwecken verbundenen Bruderschaften.

Parallel zu den Gilden waren die Handwerker im Laufe des Mittelalters zunehmend in Zünften vereinigt. Durch die Regulation der Zahl der Zunfthandwerksmeister wollte die Stadt die Konkurrenz begrenzen und allen Gemeindemitgliedern ihr standesgemäßes Auskommen – die „Bürgernahrung" – gewährleisten. Das Handwerk in Dorpat diente, soweit bekannt, dazu die Stadt und das Umland zu versorgen, eine Produktion für umfangreichen Export fehlte. Zu den Sorgen des Rats gehörte der

Kampf gegen den sogenannten Vorkauf: Um niedrigere Preise zu garantieren, sollten Getreide, Fische und andere Produkte von den Bauern und Fischern direkt auf den städtischen Markt gelangen, ohne „vor den Stadttoren" von Vermittlern aufgekauft zu werden.

Als Konzentrationspunkt der wirtschaftlichen Macht im Bistum konnte die Stadt Dorpat zunehmend auch in Fragen der Landesherrschaft mitsprechen. Diese Rechte sind ausdrücklich in der Wahlkapitulation des Bischofs Helmich von Mallinkrodt (1459–1468) – der wie viele Deutsche in Livland aus Westfalen stammte – niedergeschrieben. Der Bischof versprach, dass künftig die Mitsprache der Stadt und des Adels bei den wichtigsten Entscheidungen in der Verwaltung des Bistums berücksichtigt werde.

Die Hanse- und Bischofsstadt

Stadtbild

Aus dem Mittelalter sind zwei lobende Reiseberichte über Dorpat erhalten: Der burgundische Aristokrat Ghillebert de Lannoy, der im Winter 1413/14 per Schlitten aus Nowgorod über Pleskau und Dorpat nach Livland zurückkehrte, nannte Dorpat in seinem Reisebericht eine „schöne kleine Stadt" und fügte hinzu: „Die Stadt Dorpat ist eine sehr schöne Stadt und recht abgeschieden mit einem Schloss oberhalb dreier Flüsse gelegen und ist ein Bischofssitz."[1] Im Winter 1438 kam auf demselben Weg die Gesandtschaft des Metropoliten Isidor von Kiew nach Dorpat, der aus Moskau unterwegs nach Italien war. Ein anonymes Mitglied der Gefolgschaft des Kirchenoberhaupts der Rus' hielt dabei seinen Eindruck von der Stadt fest:

> Die Stadt Dorpat war aus Steinen erbaut und groß. Die Häuser in ihr waren sehr kunstvoll, so dass wir, die dergleichen nie gesehen hatten, uns verwunderten. Auch Kirchen gab es viele und große Klöster. Da war ein Frauenkloster nach ihrem Brauch, das war sehr merkwürdig […] Der Fluss machte einen Bogen von der Seite, von der wir gekommen waren. Berge waren da, Felder und schöne Gärten. Orthodoxe Kirchen hatten sie zwei, die des heiligen Nikolaus und die des heiligen Georg. Es gab aber wenig orthodoxe Christen.[2]

---

1 „belle petite ville […] est la ville de Drapt très belle ville et bien fermée, et y a ung chasteau, assis sur trois rivières, et est ung éveschié à part luy". Ghillebert de Lannoy, Œuvres, Louvain 1878, S. 37.
2 Europa im XV. Jahrhundert von Byzantinern gesehen, übersetzt von Günther Stökl u. a., Graz 1954, S. 153–154, adaptiert.

Die späteren Kriege und Feuersbrünste haben die schöne Stadt, die nach west- und mitteleuropäischem Maßstab ja wirklich keine Großstadt war, nicht verschont. Die Begeisterung der Reisenden konnte auch dadurch beeinflusst worden sein, dass sie vor der Ankunft in Dorpat einige Tage auf dem menschenleeren, zugefrorenen Peipussee verbracht hatten. Aber Dorpat hatte auch wirklich etwas vorzuweisen. Die rötlichen Mauern aus Back- und Feldstein haben einen Reisenden wohl in der Tat beeindruckt, wenn er, auf der Landstraße ankommend und am Rande des Urstromtals stehend, die vor ihm gelegene Stadt erblickte.

Auf dem Domberg standen die Bischofsburg, die Domkirche und die Häuser der Domherren, aber auch von Handwerkern und anderen Stadtbewohnern. Der Bau der neuzeitlichen Festungsanlagen hat das Aussehen des Hügels vollständig verändert, inklusive dessen Gestalt und Relief. Erhalten ist nur die Ruine der Domkirche. Die Kathedrale St. Peter und Paul, die größte Domkirche in Livland, wurde über eine längere Bauperiode in mehreren Etappen errichtet. Besonders bemerkenswert ist der Chorraum, dessen Bau wahrscheinlich Ende des 14. Jahrhunderts von böhmischen Meistern begonnen wurde. Der damalige Bischof Dietrich Damerow (1379–1400) hatte früher mehrere Jahre in Prag in der Kanzlei von Kaiser Karl IV. gewirkt und bewahrte die Beziehungen zum Prager Hof auch später. Auch die beiden massiven Westtürme sind wohl unter Bischof Damerow begonnen worden, wurden aber – wie auch der Chor – erst um 1500 vollendet.

Nach Abschaffung des Bistums 1558 verfiel die geplünderte und ungenutzte Domkirche. Noch Ende des 16. Jahrhunderts ist ihre Wiederherstellung ein paar Mal ins Gespräch gekommen, wegen der hohen Kosten aber immer nur eine Idee geblieben. Im 18. Jahrhundert wurden die oberen Teile der baufälligen Türme abgerissen. Ein neues Leben erhielt die Ruine erst 1803–1807, als der Chorraum für die Universitätsbibliothek umgebaut wurde.

Abb. 3: Die Domruine mit der Universitätsbibliothek im Domchor ist eines der beliebtesten Motive von Zeichnern, Malern und Fotografen.

In der Unterstadt ist das einzige erhaltene Bauwerk aus dem Mittelalter, von Fragmenten der Stadtmauer abgesehen, die Johanniskirche, aber auch sie hat kein leichtes Schicksal gehabt. Eine erste hölzerne Kirche wurde hier bald nach 1224 errichtet. Das steinerne Gebäude ist im 14. Jahrhundert erbaut worden und ist wegen seiner Terrakottafiguren besonders. Ursprünglich hatte die Pfarrkirche in ihrem Innenraum und an der Außenfassade etwa 2000 individuell hergestellte Figuren, von denen etwa ein Drittel erhalten geblieben ist. Sie beweisen das sehr hohe technische Niveau des Ziegelbrennens, das in Dorpat damals vorhanden war. Die Terrakottaplastik der Johanniskirche findet einzelne Analogien in Kirchen in Mecklenburg, Pommern und im Preußenland, in dieser Form aber kein bekanntes Vorbild oder klare Parallele.

Abb. 4: Die wiedererrichtete St. Johanniskirche von der Ritterstraße aus gesehen.

Im Großen Nordischen Krieg Anfang des 18. Jahrhundert wurde die Kirche stark beschädigt. Nach den notwendigen Reparaturen nahm man in den 1830er-Jahren einen neoklassizistischen Umbau des Gebäudes vor, wobei der Großteil der mittelalterlichen Details vernichtet wurde. Während des Angriffs der sowjetischen Armee im August 1944 brannte die Kirche ab und blieb über mehrere Jahrzehnte eine Ruine. Erst 1988 konnte man mit dem Wiederaufbau beginnen und 2005 fand die Einweihung der renovierten Johanniskirche statt.

Die andere städtische Pfarrkirche, die Marienkirche, lag an der Stelle des heutigen Hauptgebäudes der Universität. Die Kirche war ursprünglich wohl schon im 13. Jahrhundert entstanden und ist im Laufe der folgenden Jahrhunderte mehrmals umgebaut worden; neuzeitliche Zeichnungen zeigen eine dreischiffige Stutzbasilika mit vier Jochen, dazu ein enger, aber auffallend hoher Chorraum und ein Westturm. Den Livländischen Krieg 1558–82 hat die Marienkirche, die von russischen Truppen in dieser Zeit als Speicher genutzt worden war, nur mit leichten Schäden überlebt. In der polnischen Zeit nach 1582 gehörte die Gemeindekirche, die seit der Reformation evangelisch war, den Jesuiten, in der schwedischen Periode im 17. Jahrhundert war sie mit der Universität verbunden. Der bauliche Zustand der Kirche verschlechterte sich zunehmend, sodass das Gebäude um 1715 endgültig als unbrauchbar galt. Anfang des 19. Jahrhunderts wurde die Ruine beseitigt und die bei Bauarbeiten gefundenen menschlichen Überreste hinter dem Domberg im Wallgraben umbestattet. Hier entstand 1811 ein Denkmal mit Beschriftung auf Latein, Deutsch, Südestnisch und Russisch: „Hier ruhen die Gebeine verschiedener Völker. Dorpat begrub sie vom XIII. bis XVIII. Jahrhundert bei St. Marien. Auf ihren Gräbern gründete Alexander [I.] den neuen Wohnsitz der Musen. Man weihte ihnen diesen Ort der Ruhe".

Von weiteren erwähnenswerten Bauten der mittelalterlichen Stadt gibt es nicht einmal Zeichnungen, in einigen Fällen ist selbst ihr genauer Ort umstritten. Wahrscheinlich in der zweiten Hälfte des 13. Jahrhunderts wurde in Dorpat das Zisterzienserinnenkloster St. Katharinen gegründet, dessen Häuser und Kirche an der Breitstraße/Laiund Klosterstraße/ Kloostri lagen. Mit der russischen Eroberung der Stadt 1558 wurde das Kloster aufgehoben, die Kirche wurde von der estnischsprachigen lutherischen Gemeinde benutzt. Nach 1583 waren hier die Jesuiten ansässig. Während der schwedisch-polnischen Kriege wurde das Kloster Anfang des 17. Jahrhunderts endgültig zerstört und danach abgerissen.

In den 1290er-Jahren wurde in Dorpat der Konvent der Dominikaner gegründet. Das Kloster zur Hl. Maria Magdalena entstand in der Mönchsstraße/Munga an der Stadtmauer. Viel später, erst um 1470 kamen die Franziskaner nach Dorpat. Sie gründeten ihren Konvent an der schon früher bestehenden Jakobikirche vor der Stadtpforte. Beide Mendikantenklöster wurden während der reformatorischen Bilderstürme 1525 geplündert, aufgehoben und die Gebäude danach profan genutzt. Ebenso ging nach 1525 der erst etwa zehn Jahre zuvor gegründete Konvent der Franziskanerinnen-Terziarinnen zu St. Clara zugrunde, der am Heiliggeisthospital angesiedelt war. Die Heiliggeistkirche in der Breitstraße fand nach Umbauten als Speicher Benutzung, bis sie 1890 abgerissen und durch eine Turnhalle ersetzt wurde.

Das Stadtbild wurde vom Rathaus am Marktplatz sowie Gilde- und Wohnhäusern geprägt. Ursprünglich von den hölzernen Gebäuden dominiert, wurde bis zum Ende des Mittelalters zunehmend aus Stein gebaut. Zur Stadt gehörten auch Vorstädte, Kapellen, Friedhöfe, Wassermühlen am Wallgraben, Ziegeleien. Eine hölzerne Brücke (möglicherweise sogar zwei) verband die Ufer des Embach. An der Landstraße Richtung Narwa, unweit der heutigen Petrikirche, befanden sich das Hospital St. Jürgen und der städtische Galgenberg.

Hansestadt

Die Stadt Dorpat entstand zeitgleich mit dem spätmittelalterlichen Netzwerk der Hanse, die den nordeuropäischen Handel beherrschte. Vor 1200 formierte sich eine Gemeinschaft der westfälischen und niedersächsischen Kaufleute, die im gesamten nördlichen Europa aktiv war. Parallel zur Herausbildung der Städte in diesem Gebiet wurde die Hanse im 13. Jahrhundert von einer Gruppe kollektiv privilegierter Händler zur Organisation der von diesen Großkaufleuten dominierten Städte. Handelswege verbanden Dorpat über die Ostseehäfen Reval, Riga und Pernau – der letztgenannte hat seine Bedeutung im Fernhandel nach 1400 weitgehend verloren – mit dem Westen. Das andere Ende des Verkehrssystems bildeten Pleskau und Nowgorod in der Rus'. Diese Lage als „Knotenpunkt" im hansischen Russlandhandel brachte Dorpat bald Wohlstand und Bedeutung.

Der Handel mit der Rus' stellte ein besonderes Tätigkeitsfeld der Hanse dar. Während aber früher in der Forschung behauptet wurde, dass die Geschäfte mit den Partnern in Nowgorod oder Pleskau außerordentlich profitabel waren, herrscht heute der Konsens, dass auch hier alles von der Konjunktur und den professionellen Fähigkeiten eines Kaufmanns abhängig war. Die wirkliche Besonderheit des livländisch-altrussischen Handels bestand darin, dass die Kaufleute und ihre Gesellen immer persönlich das Nachbarland besuchten, statt mit den Partnern schriftlich zu korrespondieren. Zwar hatten viele Hansekaufleute Monate in den altrussischen Städten verbracht, um elementare Kenntnisse des Altrussischen zu erwerben, aber nur sehr wenige in Livland waren fähig, Altrussisch zu lesen und zu schreiben.

Während die Dorpater Kaufleute sich in Pleskau wahrscheinlich in Häusern und Höfen ihrer Handelspartner aufhielten, sollten die Hansekaufleute in Nowgorod in der Regel in dem sogenannten hansischen Kontor oder Hansehof zu St. Peter bleiben. Hier bot die Nowgoroder Schra (Rechtssatzung) einen Rechtsrahmen mit dem Ziel, den Hanseangehörigen möglichst gleiche Konkurrenzbedingungen zu schaffen. Das Nowgoroder Hansekontor, gegründet wohl kurz vor 1200, war eine grundsätzlich autonome Gemeinschaft dort weilender Hansekaufleute, die auch eigene Priester mit sich brachten. Im Laufe des 14. Jahrhunderts stieg im Kontor zunehmend der Einfluss der livländischen Städte, vor allem von Reval und Dorpat. Im 15. Jahrhundert war gerade die Rolle Dorpats im Hansehof dominierend, was auch Sorgen mit sich brachte. So sollte sich etwa der Dorpater Rat um die Ernennung des Priesters kümmern und versuchte, finanzielle Hilfe der anderen Hansestädte zu erhalten, um in Nowgorod notwendige Reparaturarbeiten durchzuführen. Im Großen und Ganzen konnten die Hansestädte ihre Politik in der Rus' doch koordinieren, vor allem durch die Verhandlungen der städtischen Gesandten sowohl auf den livländischen Städtetagen als auch auf den gesamthansischen Hansetagen, die seit Mitte des 14. Jahrhunderts mehr oder weniger regelmäßig stattfanden. An der „Kölner Konföderation", dem 1367 in Köln geschlossenen Vertrag der Hansestädte über den gemeinsamen Kampf gegen König Waldemar IV. von Dänemark, beteiligte sich Dorpat mit 450 rigischen Mark. Der Betrag war bedeutend höher als derjenige von Riga (304,5) oder Reval (265,25) und belegt die damalige zentrale Rolle Dorpats im livländischen Hansehandel.

Verhandeln musste man vor allem dann, wenn ein Konflikt bestand. Deswegen sind gerade die Streitfragen des hansischen Handels mit Altrussland in den schriftlichen Quellen überproportional stark vertreten. Und natürlich gab es in der Tat Konflikte und Krisenperioden, in denen regelmäßig Menschen und Güter gegenseitig festgesetzt wurden. Sie wurden aber früher oder später durch Verhandlungen gelöst. Nach einer längeren Periode der Auseinandersetzungen erreichte der Lübecker Ratsherr Johann Niebur 1392 in Nowgorod unter Beteiligung der Vertreter der livländischen Städte ein nowgorodisch-hansisches Friedensabkommen, das für das kommende Jahrhundert die Grundlage der Beziehungen bildete. Wenn der bischöfliche Landesherr mit seinem Pleskauer Nachbarn verhandelte, vertrat er auch die städtischen Handelsinteressen.

Im Jahr 1472 kam der letzte hansisch-nowgorodische Vertrag zustande. Die gesamte politische Situation in der Region veränderte sich von nun an grundlegend. Großfürst Ivan III. von Moskau liquidierte 1478 endgültig die Eigenständigkeit Nowgorods. Die gesamte gesellschaftliche Elite Nowgorods wurde deportiert und mit neuen Leuten aus dem östlichen Russland ersetzt, die die alten Traditionen und Regeln des Handels nicht kannten. 1494 folgte die Schließung des Hansekontors auf Befehl des Großfürsten. Obwohl das Nowgoroder Kontor seine Tätigkeit 1514 endlich wiederaufnehmen durfte, hat es seine ehemalige Bedeutung nie wieder erreicht.

Das Wesen des livländischen Handels mit der Rus' hatte sich aber schon zum Ende des 15. Jahrhunderts verändert. Statt der Reisen der Hansen in die Rus' dominierten jetzt Handelsreisen altrussischer Kaufleute nach Livland, und die Geschäfte wurden zunehmend in den livländischen Städten geschlossen. Für Dorpat als grenznahe Stadt war diese Entwicklung profitabel. Gleichzeitig führten die livländischen Städte das Prinzip des Gasthandelsverbots ein: Die fremden Kaufleute – im 16. Jahrhundert auch diejenigen aus den westlichen Hansestädten – durften untereinander, ohne Vermittlung eines lokalen Bürgers, keine Geschäfte abwickeln. Dieser Rechtssatz widersprach eigentlich grundlegenden Prinzipien der Hanse und sagte deutlich den Untergang der Hanse in Livland voraus. Gleichzeitig versuchte Dorpat wie auch andere livländischen Städte, die zunehmende Tätigkeit der süddeutschen Händler – hier gelegentlich insgesamt als „Fugger" bezeichnet – zu begrenzen. Problematisch für die Stadt waren auch die neuen Landstraßen – immer öfter reiste man im 16. Jahrhundert aus Riga direkt über Marienburg/Alūksne und Neuhausen/Vastseliina nach Pleskau, ohne Dorpat aufzusuchen.

Handelswaren

Im hansischen Transithandel mit der Rus' spielte eine spezifische Gruppe von Handelswaren das ganze Spätmittelalter hindurch eine zentrale Rolle. Aus dem Westen kamen Salz (Lüneburger Salz und das preiswertere „Baiesalz" aus Frankreich oder Portugal), Tuche, Salzhering, Wein, Metalle und Luxuswaren. Nach Westen gingen Pelze – vor allem Eichhornpelze – und Wachs. Um 1500 kamen Rohstoffe wie Flachs, Hanf und Teer aus Livland hinzu. Die wichtigste eigene Handelsware Livlands stellte aber spätestens seit Ende des 15. Jahrhundert das Getreide dar. Hitzegetrockneter livländischer Roggen war lange haltbar und fand Abnahme in mittel- und westeuropäischen Großstädten. Die Gerste verbrauchte man aber vor Ort in Mengen zum Bierbrauen.

Getreide kam von den Gutshöfen des Adels und kirchlicher Institutionen auf den Markt. Daneben bewahrten die livländischen Bauern, obwohl ihre Mehrheit seit dem 15. Jahrhundert als schollenpflichtig und leibeigen galt, ihr Recht, eigene Erzeugnisse selbstständig zu vermarkten. Die Versuche des gutsbesitzenden Adels, in den ersten Jahrzehnten des 16. Jahrhunderts diesen bäuerlichen Eigenhandel zu begrenzen, konnten die Städte erfolgreich blockieren. Die städtischen Kaufleute hatten feste bäuerliche Partner, die mit dem estnischen Wort *sõber* (Freund) bezeichnet wurden. Diese kauften mit dem Geld des Kaufmanns lokal Produkte auf und gaben, wenn notwendig, den umherreisenden Kaufgesellen Unterkunft.

Bemerkenswert ist, dass auch echte Luxusartikel sehr früh ihren Weg nach Dorpat gefunden haben. Archäologen haben in Dorpat Fragmente von mehr als einem Dutzend emaillierter Glasbecher aus der Zeit um 1300 gefunden – die Zahl der Funde gehört zu den größten in Europa und ist in Nordeuropa nur mit Lübeck vergleichbar. Der wahrscheinlichste Herstellungsort der Becher ist Venedig – warum diese sehr teuren Gläser gerade in Dorpat beliebt waren und wie sie dorthin kamen, bleibt rätselhaft. Die archäologischen Befunde belegen auch die Verwendung von Seide und Brokat – doch fanden sie wegen ihrer Preise wohl nur als Material für Accessoires und Verzierungen Verwendung. Auch echte Exotik war in Dorpat zu finden: 1534 schickte Michail Glinskij (1470–1534) – Angehöriger eines in der heutigen Ukraine heimischen Fürstengeschlechts, der lange an mittel- und westeuropäischen Höfen gelebt hatte, dann aber 1508 in den Dienst des Moskauer Herrschers übertrat – dem Bischof

Johannes Bey (1528–1542) ein Kamel als Geschenk nach Dorpat und bekam „eynn Calkunysch thier, ist yn eynenn newen lande aldar erfunden werden" als Gegenleistung. Also ist der aus der Neuen Welt stammende Truthahn (der auf Estnisch wie auch in mehreren skandinavischen Sprachen auch heute noch ‚kalkun' heißt) eigentlich erstaunlich früh nach Livland gelangt.

Die Reformation

Der aus Berlin stammende Bischof Johannes Blankenfeld (1518–1527), der früher als Diplomat im Dienste des Deutschen Ordens, des Hohenzollernschen Kurfürsten und der päpstlichen Kurie gestanden hatte, stand für unbegrenzte Wahrung und Wiederherstellung der landesherrlichen Rechte des Bischofs in Stadt und Bistum. Der zunehmende Konflikt mit den Stadtbürgern und dem Landadel fand nun als Glaubensstreit seinen Höhepunkt und seine Entscheidung. Der aus Riga stammende Hermann Marsow († 1555), einer der ersten Schüler Martin Luthers, fing 1524 an, in Dorpat protestantisch zu predigen. Der Bischof konnte zuerst den Stadtrat unter Druck setzen, sodass Marsow Dorpat verlassen musste, aber bald erschien ein neuer Prediger in der Stadt, der Kürschner Melchior Hofmann. Aus Franken gebürtig, hatte er schon mehrere Jahre in den deutschen Ländern und in Livland die lutherische Lehre propagiert. Der charismatische Hofmann griff die altkirchliche Hierarchie und das Ordenswesen heftig an. Als der bischöfliche Vogt am 7. Januar 1525 in Abwesenheit Blankenfelds versuchte, Hofmann festzunehmen, provozierte er damit in der Stadt eine massive Revolte. Die städtischen Kirchen mit ihren Kunstwerken wurden geplündert, die Mendikantenkonvente aufgelöst und die Mönche aus der Stadt gejagt. Vom Bildersturm blieb nur das adlige Zisterzienserinnenkloster verschont. Am 10. Januar stürmten die Stadtbewohner den Domberg und plünderten den Dom und die

Häuser der Domherren. Wenige Tage später nahm die Stadt auch die bischöfliche Burg in ihren Besitz. Erst unter dem Amtsnachfolger Blankenfelds, dem als Dorpater Bürgersohn geborenen Johannes Bey (1528–1543), kam es zur Versöhnung mit der Stadt und der Bischof erhielt seinen Besitz zurück. Melchior Hofmann aber wurde von anderen, theologisch gebildeten lutherischen Predigern kritisiert, sodass der Kürschner im Frühjahr 1525 nach Wittenberg reiste, um seine Lehre bei Martin Luther persönlich beurteilen zu lassen. Zurück in Dorpat, wurde er dennoch immer radikaler, geriet mit anderen Predigern und dem Magistrat in Konflikt und sollte noch im selben Jahr Livland endgültig verlassen. Hofmann ging über Schweden nach Deutschland, wo er ein Anführer der Täuferbewegung wurde, bis er wahrscheinlich 1543 in Straßburger Haft starb.

In Dorpat führte der Rat für die Stadt eine evangelische Kirchenordnung ein, während in der Domkirche weiter römische Gottesdienste gefeiert wurden. Der Rat trat so in Angelegenheiten der Kirchenorganisation und des Glaubens an die Stelle des Bischofs und Domkapitels. Der kirchliche Besitz und geistliche Stiftungen wurden nun im „gemeinen Kasten" vom Magistrat verwaltet. Die Einführung des muttersprachlichen Gottesdienstes bedeutete auch eine ethnische Segregation im kirchlichen Leben, bisher gemeinsame Pfarreien wurden jetzt in deutsch- und estnischsprachige Gemeindeglieder geteilt. Andererseits begann man nun, sich bewusst um geistliche Literatur in beiden Volkssprachen – Niederdeutsch und (Süd-)Estnisch – zu bemühen. 1554 wurde in Lübeck eine estnische Fassung des Kleinen Katechismus von Martin Luther gedruckt, verfasst vom Pfarrer der Dorpater Johanniskirche Franz Witten.

Der russisch-livländische Krieg

Das Mittelalter hindurch war das relativ kleine Pleskauer Land der unmittelbare Nachbar des Hochstifts Dorpat im Osten, weiter entfernt lag das Nowgoroder Gebiet. Ungeachtet der zahlreichen Grenzkonflikte zwischen Dorpat und Pleskau, die gelegentlich kleinere gewaltsame Auseinandersetzungen mit sich brachten, handelte es sich um relativ gleichstarke Partner. Gestritten wurde um Fischereirechte auf dem Peipussee und Felder im Grenzgebiet bei Neuhausen. Die Situation veränderte sich grundsätzlich nach den 1470er-Jahren, als der Moskauer Großfürst Ivan III. Nowgorod in sein Reich eingliederte. Pleskau, obwohl bis 1510 noch autonom, war „außenpolitisch" bereits unter Moskauer Kontrolle geraten. Also stand Livland nun einer Großmacht gegenüber, und die vom livländischen Deutschen Orden initiierten Kriege gegen Pleskau 1480–1481 und 1501–1503 konnten die Lage nicht bessern. Zwischen Russland und den livländischen Herrschaften wurde künftig statt eines Friedensvertrags nur ein befristeter „Beifrieden" (Waffenstillstand) geschlossen, der regelmäßig erneuert wurde.

Als 1554 wieder einmal eine solche Erneuerung anstand, überraschten die russischen Diplomaten ihre livländischen Partner mit der Forderung, das Bistum Dorpat sei über lange Jahre dem Großfürsten einen Tribut schuldig. Dieser „Dorpater Zins", dessen Ursprung und Höhe bis heute rätselhaft sind, war in der Tat spätestens seit den 1470er-Jahren in den Dorpat-Pleskauer Beifrieden schriftlich fixiert, aber, wie es scheint, nie bezahlt worden. Unter massivem Druck sollten die livländischen Gesandten 1554 diese Tributzahlung anerkennen. Noch schlimmer, der „Zins" war jetzt eine gesamtlivländische Angelegenheit geworden. Und als ob das nicht genug wäre, wurde der Vertragstext von den livländischen Gesandten manipuliert – vielleicht vor allem deswegen, da die Gesandten bei der Zustimmung zum Tribut ihre Vollmachten übertreten hatten. Während es im russischen

Urtext „syskati dan'" (Tribut einsammeln) lautet, spricht die von den Livländern übersetzte Fassung von „denselbigen Zinss undersuchunge thun". 1557 brachten die livländischen Gesandten statt des Geldes tatsächlich nur die Nachricht mit nach Moskau, dass der Ursprung des Tributs sich in jenen Zahlungen befände, die die bischöflichen Bauern der Grenzregion früher den Pleskauer Herren entrichtet hätten, weil ihre Honigbäume sich im Pleskauer Gebiet befanden. Die Verhandlungen wurden abgebrochen und im Januar 1558 überquerte das Moskauer Heer die livländische Grenze.

Der erste Kriegszug beschränkte sich auf Plünderungen, im Frühling aber begann die richtige Eroberung Livlands. Am 8. Juli 1558 schlugen die Moskauer Truppen ihr Lager vor den Dorpater Mauern auf. Die Stadt war nur ungenügend befestigt und bewaffnet, Katholiken und Lutheraner verdächtigten sich gegenseitig des Verrats. In Dorpat waren durchaus Stimmen vorhanden, die glaubten, dass die Stadt in der Zukunft unter der Herrschaft des Zaren in Russland lukrative Geschäfte machen könne. Nach einer Woche des Beschusses wurde die Stadt am 18. Juli den Belagerern übergeben. Laut des mit dem russischen Befehlshaber Fürst Petr Šuiskij geschlossenen Vertrags wurden Dorpat die Glaubensfreiheit der Augsburger Konfession und alle bisherigen Privilegien garantiert. Der Zar hat den Vertrag später mit einigen Veränderungen bestätigt. Was die Dorpater jedoch nicht bedacht hatten, war, dass für den autokratischen Zaren ein Vertrag mit eigenen Untertanen ein im Grunde unverständliches Konzept war. Obwohl dem letzten Dorpater Bischof Hermann Wesel der lebenslange Unterhalt im Zisterzienserkloster Falkenau/Kärkna wenige Kilometer westlich der Stadt versprochen worden war, hat man ihn schon im August nach Russland befohlen, wo er 1563 starb. Da auch die übrigen Burgen des Bistums ebenfalls 1558 in russischen Besitz gelangten, endete so die Geschichte des Bistums Dorpat. 1561/62 unterwarfen sich die anderen livländischen Territorien den Königen von Polen, Schweden bzw. Dänemark, während immer größere Teile des Landes schrittweise unter Moskauer Kontrolle gerieten.

Der Zeitgenosse des Livländischen Kriegs, der Revaler Pfarrer Balthasar Russow († 1600), deutete das Geschehen im Nachhinein in seiner livländischen Chronik so:

> In demselbigen Sommer Anno 1558, als der Muscowiter gesehen, daß ihm die Häuser und Lande in Livland samt dem Glücke so ganz leichtlich zugelaufen sind, und er auch gar keinen Widerstand vernommen hat, hat er deshalb sich auch vor Dörpt mit seinem Geschütze sehen lassen. Und wiewol er nicht ein Mal zu Sturme geschossen und auch nicht einen Menschen beschädigt hatte, ist ihm dennoch aus großer Furcht und Leichtfertigkeit die Stadt Dörpt aufgegeben worden ohne Noth, den 18. Iulii, als er noch nicht acht Tage davor gelegen hatte […] Was aber der Muscowiter in dieser Stadt für einen Schatz von Gelde, Silber und Golde, und allerlei Geschmeide und Kleinoden von dem Bischof, den Domherren, Edelleuten und Bürgern weggekriegt hat, ist nicht nachzusagen. Denn von dem einzigen Edelmanne Fabian Tisenhusen genannt hat der Muscowiter über achtzigtausend Thaler an baarem Gelde weggekriegt. In Summa, er hat damals in Dörpte solchen Schatz und schwer Gut von allerlei Vorrath und Kaufschaft erlangt und bekommen, damit man einen langen Frieden ohne Schaden hätte zuwege bringen oder einen gewaltigen Krieg wider den Muscowiter führen können, dadurch die Stadt und das ganze Land wäre wol behalten geblieben […] Und wiewol eine gemeine Sage war bei Jedermann, sie wollten lieber hundert Thaler mit dem Muscowiter verkriegen als einen Thaler zu dem Tribut oder Frieden erlegen, haben sie doch weder zu dem Frieden noch zu dem Kriege, als die Noth vorhanden war, Etwas erlegen wollen, darüber sie nicht allein ihrer Stadt, Lande und Leute, sondern auch ihres Schatzes und aller Wolfahrt quitt geworden sind. Und obwol ihrer Viele ihren Schatz von Silber und Golde vermauert und in den Kirchen unter den Grabsteinen

vergraben hatten, hat es doch alles nicht geholfen. Denn die Russen haben alle Mauern durchgesucht und alle Todtengräber und Grabsteine umgewühlt und alle vergrabenen Schätze damals und auch nach Länge der Zeit hinweg gekriegt.[3]

Auch wenn wir nicht genau wissen, inwieweit die Schilderungen Russows genaue Fakten wiedergeben, und inwieweit der Pfarrer den moralischen Verfall Altlivlands zur Schau stellen wollte, begann auf jeden Fall hiermit ein neues Kapitel in der Geschichte der Stadt.

---

3   Balthasar Rüssow's Livländische Chronik, übertragen von Eduard Pabst, Reval 1845, S. 103–104.

Unter Moskauer Herrschaft

Von 1558 bis 1582 spielte Dorpat die Rolle des administrativen und militärischen Zentrums des von Moskau eroberten Teils von Livland. Hier residierten die Woiwoden, gelegentlich auch als Statthalter tituliert. 1570 wurde ein russisch-orthodoxes Bistum von Dorpat ins Leben gerufen mit der alten Bischofsburg als Sitz des Bischofs. Während die Amtsträger und Truppen regelmäßig verlegt und ausgetauscht wurden und somit keine Möglichkeit hatten, in Dorpat heimisch zu werden, entstand hier auch eine russische Zivilbevölkerung, die vor allem in einer neu entstandenen Vorstadt nördlich des Embachs lebte. Die eigentliche Stadt dagegen leerte sich immer mehr und ging rasch unter. Bereits im Herbst 1558 wurden zum ersten Mal viele Dorpater Bürger nach Russland deportiert, wenn auch nur für eine kurze Zeit. Der großen Deportation im Jahr 1565 fielen aber alle deutschen Dorpater – angeblich bis auf drei Personen – zum Opfer. Die Pleskauer Chronik, eine der sehr wenigen inoffiziellen russischen Geschichtserzählungen dieser Zeit, berichtet: „Die Deutschen wurden aus Dorpat samt Frauen und Kindern weggeführt, und sie wurden einige nach Nischni Nowgorod, einige nach Wladimir, einige nach Kostroma, einige nach Uglitsch geführt. Aber es ist ungewiss, warum [es so gemacht wurde], Gott weiß, verletzend das klare Versprechen, das die Woiwoden bei der Einnahme der Stadt [1558] ihnen gegeben hatten."[1]

Die Überlebenden durften zwar 1569/70 zurückkehren, aber nicht zu ihrem Glück. Die Edelleute Elert Kruse († 1587), ehemaliger Stiftsvogt des Bistums, und Johann Taube, ehemals bischöflicher Rat, waren nach Jahren in russischer Gefangenschaft in

---

1   Псковские летописи [Die Pleskauer Chroniken], Bd. 2, Moskau 1955, S. 248. Übersetzung: Anti Selart.

den Dienst des Zaren übergetreten und sollten nun die Livländer überzeugen, sich der Moskauer Herrschaft zu unterwerfen. Nachdem aber die siebenmonatige Belagerung Revals durch Moskauer Truppen 1570/71 misslungen war, waren sie vor dem Zorn des Zaren ungeschützt. Am 21. Oktober 1571 versuchten Kruse und Taube mit wenigen Genossen, Dorpat im Namen des polnischen Königs in Besitz zu nehmen. Der Zeitgenosse Franz Nyenstede († ca. 1622), ein Kaufmann, der selber kurz vor der Aventüre aus Dorpat nach Riga übersiedelt war, meldete in seiner Chronik:

> Wie diese nun hinaus geschlagen worden, so haben es die armen unschuldigen Bürger mit ihren Weibern und Kindern entgelten müßen, denn die Reußen fielen darauff zu den Bürgern ein, die da angetroffen wurden und sich nicht in einen Winckel verkrochen hatten, diese wurden gar jämmerlich danieder gehauwen, Männer, Frauwen und Jungfrauwen ihrer Habseligkeit schändlich beraubet, Kleider und Geschmeide, alles was gefunden wurde, ward weggenommen; der gute Jacob Schröder […] war vor der Pest aus der Stadt gewichen, da ward er aber gar jämmerlich mit Weib vnd Kind und alle seinem Gesinde unschuldig ermordet, und aller seiner Habe beraubet. Auff diese Weise ging es allen armen Bürgern, die in der ersten Hitze in den ersten zwey oder drey Tagen angetroffen wurden, die wenigen aber, so übrig blieben, wurden wieder nacket und bloß nach der Moscow in das Exilium geschleppet. Taube und Kruse hatten ihre Weiber, Kinder und Gesinde nebst ihrer Habe auff den Fall, daß ihr Anschlag fehl schlagen sollte, vor weg aus der Stadt gesandt, und begaben sich nun zum Könige von Polen und bewarben sich darumb, daß sie […] zu Freyherren vnd königlichen Rähten ernennet wurden, auch Schlößer und Burgen, Länder und Leute einbekahmen.[2]

---

2 Monumenta Livoniae Antiquae. Sammlung von Chroniken, Berichten, Urkunden und anderen schriftlichen Denkmalen und Aufsätzen, welche zur Erläuterung der Geschichte Liv-, Ehst- und Kurlands dienen, Bd. 2, Riga 1839, S. 74.

Die polnische Zeit

Die militärische und wirtschaftliche Lage Russlands wurde um 1580 immer miserabler. Die schwere Abgabenlast der Bauern hatte dazu geführt, dass in einigen Gebieten Russlands weniger als ein Zehntel der Bauernhöfe noch besiedelt war. König Stephan Báthory von Polen begann im August 1581 nach anderen erfolgreichen militärischen Aktionen mit der Belagerung von Pleskau. Ivan IV. Groznyj rettete nur eine päpstliche Friedensmission. Ein päpstlicher Nuntius, der Jesuit Antonio Possevino (1533–1611), vermittelte zwischen den Kriegsparteien mit dem Ziel, eine christliche Koalition gegen das Osmanenreich zu schaffen und gleichzeitig in Russland den Katholizismus zu propagieren. Die Verhandlungen resultierten am 5. Januar 1582 im Beifriedensvertrag von Jam-Zapol'skij, einem niedergebrannten Dorf unweit von Pleskau. Danach übergab Ivan Groznyj alle Gebiete, die er nach 1558 in Livland und dem Großfürstentum Litauen erobert hatte, dem polnisch-litauischen Herrscher. König Stephan brach die Pleskauer Belagerung ab und verzichtete auf seine Eroberungen im Moskauer Reich. Am 23. Februar 1582 ritt der Großhetman der polnischen Krone (Oberbefehlshaber des königlichen Heeres) und Großkanzler Jan Zamoyski (1542–1605) mit seinem Gefolge in Dorpat ein.

Die russische Bevölkerung der Stadt sollte die Stadt laut Befehl des Zaren vollständig verlassen und nach Russland gehen. Faktisch handelte es sich wiederum um eine Deportation. „Der Moschkowiter hatte Derpt bißher bey 29 [korrekt: 23] Jahren innegehabt. Derhalben verliessen ihr viel der Einwohner, die darein geboren und erzogen, die Stadt mit grossem schmertzen und heissen zehren. Sonderlich lieffe das Frauenvolk zu ihrer Menner, Kinder, Eltern und gefreundten Gräbern, und beklagten sie",[1] schrieb der Zeitgenosse Reinhold Heidenstein (um 1553–1620), ein aus dem Preußenland stammender Chronist und Diplomat im polnischen Dienst. Die Stadt war zerstört und bevölkerungsarm übernommen worden. Jan Zamoyski schrieb 1583, dass

> die Stadt selbst verfallen [ist], da wegen des von Moskowitern veranlassten Kriegsfeuers alle Gebäude zerstört und die Einwohner ins Moskauer Reich weggeführt sind. Die bischöfliche Kirche, eigentlich ein sehr großes und prächtiges Bauwerk, versuchten [die Moskowiter] aus Hass gegen die katholische Religion in [eine Kirche] ihres eigenen Ritus umzuwandeln. Sie schändeten [das Gebäude,] so dass sie die Gräber der Bischöfe zerstört und die Leichen weggeworfen haben, und sie haben alle übrigen Verzierungen und Eigentümer der Altäre beseitigt.[2]

Unter der polnischen Herrschaft sollte die Stadt in vielerlei Hinsicht neu entstehen. Stephan Báthory ließ sowohl in seinem Reich als auch in Norddeutschland neue Bewohner für Livland und besonders für Dorpat anwerben. Die wüsten Grundstücke und Häuser wurden neuen Besitzern zugeteilt. Obwohl der König die Rekatholisierung Livlands immer im Blick hatte,

---

[1] Reinholt Heydenstein, Warhaffte, gründtliche und eigendtliche Beschreibung, des Krieges, welchen der […] König zu Polen Stephan Batori, […] wider den Grossfürsten in der Moschkaw, Iwan Wasilowitzen, geführt, Görlitz 1590, unpaginiert.

[2] „urbs ipsa etiam instituto gentis Moscoviticae furnis omnia aedificia corrumpentis traductisque in Moscoviam habitatoribus plane deformata est, templum eppale alioquin amplissima et magnificentissima structura exaedificatum, odio religionis catholicae, dum ad suum ritum id transmutare contendunt, ipsorum epporum sepulturis dissipatis corporibusque eiectis plane corruptum, reliquorum templorum ornamenta bonaque omnia ablata". Alberti Bolognetti nuntii apostolici in Polonia epistolae et acta 1581–1585 pars II, Cracoviae 1938, S. 745.

bestätigten die königlichen Privilegien der Stadt die Augsburger Konfession, und auch der neue, von königlichen Kommissaren 1582 wieder ins Leben gerufene Magistrat blieb protestantisch. Damit kam aber auch ein latenter Konflikt zwischen der Stadt und der durch Starost und Präsident (später Woiwoden) vertretenen Zentralmacht zustande. So hat die Stadt den auf königlichen Befehl 1582/83 eingeführten „katholischen" gregorianischen Kalender nur in offiziellen Schriften benutzt, privat und im kirchlichen Leben blieb man beim alten julianischen Stil. Die königlichen Privilegien – erwähnenswert ist noch das 1584 der Stadt gewährte Recht, die königlichen Farben rot und weiß zu verwenden – unterstützten schrittweise die wirtschaftliche Entwicklung Dorpats, aber die Autonomie der Stadt blieb faktisch begrenzt und die gesamte ökonomische Lage sehr ungünstig. Der alte Handelspartner Pleskau war stark verwüstet, auch Livland war sehr von Krieg, Hunger und Pest getroffen. In der Starostei Dorpat waren 1582 etwa 70 % der Bauernhöfe verlassen. Und die neuen Handelswege gingen an Dorpat vorbei: Die Stadt hatte ihre Vermittlerrolle zwischen den Häfen von Riga bzw. Reval und Russland verloren. Die Wiederherstellung der ehemaligen Blüte des Dorpater Handels blieb ein Traum. 1599 sollte die Stadt sogar um staatliche Hilfe bitten, um die Brücke über den Embach instand zu halten, und in späteren Jahren wurde es noch schlimmer, sodass die Häuser immer mehr verfielen und der städtische Schulmeister entlassen werden musste. Die 1580er-Jahre hindurch waren dazu noch die Beziehungen zwischen dem Rat und der städtischen Gemeinde angespannt. 1593 veranlasste der Dorpater Magistrat, dass Hans Karthausen, der Oldermann der Großen Gilde, der nach einem Konflikt mit dem Rat nach Riga geflüchtet war, dort festgenommen, verurteilt und als Unruhestifter hingerichtet wurde.

Verheerender als der Krieg mit Moskau gewesen war, wirkte der 1600 ausgebrochene Krieg zwischen Polen und Schweden, das im Livländischen Krieg Reval und Nordestland für sich gewonnen hatte. An Weihnachten 1600 stand das schwedische Heer vor Dorpat, am 27. Dezember 1600 (schwedisch-julianisch) bzw. 5. Januar 1601 (polnisch-gregorianisch) kapitulierte die Stadt nach dreitägiger Belagerung. Eine Möglichkeit, sich von den Kriegsschäden zu erholen, bekam die Stadt nicht. 1601–1603 war das ganze Land von extrem schwerer Hungersnot betroffen, verursacht wohl vom Ausbruch des Huaynaputina-Vulkans in Peru 1600, der eine globale Abkühlung verursachte. 1603 kam eine neue Pestwelle dazu. Um 1605 standen in Livland schließlich in einigen Gegenden abermals mehr als drei Viertel der Bauernhöfe leer. Als das Kriegsglück sich dann drehte, begannen die polnischen Truppen Ende 1602 mit einer neuen Belagerung Dorpats, am 3. April 1603 wurde das stark hungerleidende Dorpat wieder polnisch. Eine sechswöchige Belagerung der Stadt durch das schwedische Heer im Herbst 1607 endete ergebnislos, und Dorpat blieb in polnischem Besitz. Erst im August 1625, nach einer Woche Blockade, gelangte Dorpat erneut an die schwedische Krone, was im Frieden von Altmark/Stary Targ 1629 zwischen Schweden und Polen bestätigt wurde.

Die Tätigkeit der Jesuiten

Während die Stadt Dorpat ihre bisherige Stellung wirtschaftlich und ökonomisch nicht wiedererlangen konnte, war die polnische Periode dennoch eine Zeit der kulturellen Blüte. Diese Entwicklung verdankt die Stadt der Tätigkeit der Jesuiten. Das ferne Ziel ihrer Tätigkeit in Riga und Dorpat war nicht nur die Rekatholisierung Livlands, sondern auch die Verbreitung des katholischen Glaubens in Russland. 1582 entstand das neue katholische Bistum für Livland mit Zentrum in Wenden/Cēsis. Unterstützt vom König und dem Statthalter Livlands (1582–1584), Georg Kardinal Radziwill (1556–1600), dem Bischof von Wilna/Vilnius, trafen die Jesuiten 1583 in Dorpat ein.

Sie wurden laut einem zeitgenössischen Bericht nicht unbedingt freundlich begrüßt:

> Nach Dorpat wurden vom Provinzial am 19. März fünf Priester und zwei Brüder geführt. Über ihre Ankunft waren die Ketzer [Lutheraner] sehr ungehalten und ein Lutheraner gab in seiner Predigt, während die Unsrigen unbemerkt mitten unter den Zuhörern saßen, eine wunderliche Schilderung der Jesuiten; er sagte, sie seien als Bastarde in die Stadt gekommen, sie seien Hurenböcke, sie verdienten jegliche schimpfliche Behandlung, schließlich sie seien Menschen, welche die von Gott eingesetzten Ehen verhinderten.[3]

Mathias Kempf, ein estnischer Schneider, der schon unter Moskauer Herrschaft in Abwesenheit anderer Geistlicher sowohl in der estnischen als auch in der deutschen Gemeinde Prediger geworden war und dessen stürmischer Charakter ihm im Leben wiederholt Probleme machte, soll auf der Straße mit einem Stock seine estnischen Gemeindeglieder daran gehindert haben, in die Jesuitenkirche zu gehen.

Die Niederlassung der Jesuiten wurde 1585 ein vollständiges Kolleg. Obwohl es schon im Mittelalter in Dorpat eine Dom- und eine Stadtschule gab, begründeten erst die Jesuiten die Tradition der höheren Bildung in Dorpat. 1583 eröffneten sie das Gymnasium, das seine Tätigkeit bis zur schwedischen Eroberung 1600/01 ständig ausweitete. Die Schüler boten regelmäßig, wenigstens zweimal jährlich, öffentliche Theateraufführungen in lateinischer Sprache dar. 1585 erfolgte in Dorpat noch die Gründung des Dolmetscherseminars, wo angehenden Geistlichen die lokalen und für die Missionsarbeit in Russland

---

3 Die Jahresberichte der Gesellschaft Jesu über ihre Wirksamkeit in Riga und Dorpat 1583–1614. Lateinischer Text mit deutscher Übersetzung von Eduard Kurtz, Riga 1925, S. 13.

notwenigen Sprachen vermittelt wurden. Dieses Engagement führte zu weiteren Publikationen in den Landessprachen. Bereits 1585 wurden in Wilna 997 Exemplare des estnischen katholischen Katechismus gedruckt. Ungeachtet der für die damalige Zeit riesigen Auflage war die strikte lutherische Zensur der folgenden schwedischen Zeit derart erfolgreich, dass heute kein erhaltenes Exemplar bekannt ist. So hat der schwedische Regimentschef während der schwedischen Besatzung 1601 befohlen, alle Bücher der Jesuiten zu verbrennen. Ebenso ist das 1623 in Braunsberg/Braniewo im Ermland gedruckte Priesterhandbuch *Institutiones Estonicae Catholicae* verloren gegangen. Erhalten ist ein heute in der Seminarbibliothek von Allenstein/Olsztyn aufbewahrtes Exemplar des kleinen Kompendiums der livländischen Priester *Agenda parva*, gedruckt 1622 in Braunsberg, das ebenso einige estnische Texte enthielt.

Die schwedischen Truppen nahmen 1601–1603 die Dorpater Jesuiten gefangen und deportierten sie anschließend nach Schweden, wo sie erst nach Jahren wieder freikamen. Noch während ihrer Gefangenschaft kam es zu einem jesuitischen Neuanfang in Dorpat, der jedoch alles andere als leicht war:

> Übrigens war das Äußere des Kollegiums so verunstaltet, dass man es kaum wiedererkennen konnte; denn außer der Kirche, welche die Ketzer [Lutheraner] für sich in Gebrauch genommen hatten, und zwei oder drei Schlafzimmern, die noch einigermaßen heil waren, war alles zerrissen, zerbrochen, verbrannt; nicht Fenster, nicht Türen, nicht die getäfelte Decke, ja nicht einmal das Dach hatte der unversöhnliche Hass gegen die Jesuiten und die zügellose Ausgelassenheit der Soldaten verschont. Dazu kam noch folgender Umstand, der nach meiner Meinung am allerschwersten war, nämlich die große Menge der Leichen in der Umgebung des Kollegiums […] Denn da das innerhalb der Mauern eingeschlossene feindliche Heer den Winter hindurch von einer schweren Seuche bedrängt wurde, wurden die davon Ergriffenen

zumeist ins Kollegium, das gleichsam ein öffentliches Siechenhaus war, abgeschoben. Da nun dort die Gewalt der Krankheit und der Mangel an Nahrung täglich mehrere umbrachte, wurden sie gewöhnlich in großer Zahl in die Keller, Winkel oder seichte Gräben geworfen.[4]

Das frühere Ausmaß seiner Aktivitäten hat das Kollegium nach 1603 nicht mehr erreicht. 1625 verließen die Jesuiten gemäß der mit dem schwedischen Reichsmarschall Jakob De la Gardie (1583–1652) geschlossenen Kapitulation endgültig die Stadt.

---

4   Die Jahresberichte der Gesellschaft Jesu, S. 153–164.

Unter der Schwedischen Krone (1625–1704)

Herrschaft und Verwaltung

Dorpat war die letzte größere Stadt in Livland, die Polen an Schweden abtreten musste. Obwohl sich die polnischen Gegenangriffe in den folgenden Jahren mehrmals bis nach Livland erstreckten, unternahmen die Polen keinen Versuch mehr, Dorpat zurückzuerobern. Keine der beiden Seiten war jedoch an einem endgültigen Friedensschluss interessiert. Daher wurde am 26. September 1629 (nach neuem Stil) zwischen Schweden und Polen-Litauen der sechsjährige Waffenstillstand von Altmark geschlossen, womit ganz Livland an Schweden überging. Im Jahre 1630 griffen die Schweden in den Dreißigjährigen Krieg im römisch-deutschen Reich ein und kamen nicht mehr dazu, den Krieg in Livland fortzusetzen. Im Jahre 1635 wurde in Stuhmsdorf/Sztumska Wieś der Friedensvertrag mit der Krone Polens für weitere 26 Jahre erneuert.

Nach der Eroberung Livlands wurde Dorpat für einige Zeit das wichtigste Zentrum der schwedischen Macht in den schwedischen Überseeprovinzen. Im Jahre 1629 bildete man aus den eroberten Gebieten das livländische Gouvernement, zu dem außer Livland noch das von Russland eroberte Ingermanland und die Provinz Kexholm in Karelien gehörten. Das Zentrum dieser neuen Verwaltungseinheit wurde Dorpat. Zum ersten Generalgouverneur ernannte König Gustav II. Adolf seinen Erzieher und Lehrer Johan Skytte (1577–1645), der mit der Festigung der schwedischen Macht in den von Polen-Litauen wie auch von

Russland eroberten Gebieten beauftragt wurde. Auf Dorpat fiel die Wahl vor allem wegen seiner günstigen Lage. Riga, die größte Stadt der Provinz, lag zu nahe am Rand der Provinz und in der Nähe der polnisch-litauischen Grenze.

Im Unterschied zu Estland (heute Nordestland), das *per pactum* (freiwillig) unter schwedische Herrschaft gekommen war, galt Livland als ein militärisch (*jure belli*) erobertes Gebiet, was der Staatsgewalt mehr Handlungsspielraum ließ und sie nicht übermäßig verpflichtete, auf die Interessen des lokalen Adels Rücksicht zu nehmen. Skyttes Spielraum in Livland war somit weitaus größer als der des in Reval residierenden Generalgouverneurs von Estland. Nach dem Tod von König Gustav Adolf im Jahre 1632 wurde Skyttes Position jedoch erheblich geschwächt. Zu dem einflussreichen schwedischen Reichskanzler Axel Oxenstierna unterhielt der Generalgouverneur von Livland keine allzu guten Beziehungen und mit dem lokalen Adel lag er sogar im Streit. Skytte beschloss daher im Jahre 1633, sein Amt als Generalgouverneur niederzulegen und nach Stockholm zurückzukehren. Zum neuen Generalgouverneur wurde im Jahre 1634 ein Verwandter des Reichskanzlers ernannt, Bengt Bengtson Oxenstierna, der dieses Amt bis zu seinem Tod 1643 innehatte. In der Zeit Oxenstiernas büßte Dorpat seinen Status einer Gouvernementshauptstadt ein. Die Verbindung zur schwedischen Hauptstadt Stockholm war von der Hafenstadt Riga aus viel günstiger und bequemer. Da aus den Gebieten Ingermanlands ein eigenes Gouvernement gebildet wurde, verlor Dorpat auch seinen Vorteil, direkt mitten in den schwedischen Überseegebieten zu liegen. Dennoch blieb Dorpat das zweitwichtigste Zentrum in Livland. Hier befanden sich das höchste Gericht in Livland – das Hofgericht – und die Kirchenregierung – das Oberkonsistorium. Die Richter wie auch der hohe Klerus waren mit der im Jahre 1632 in Dorpat gegründeten Universität verbunden, was den Verbleib dieser Einrichtungen in Dorpat sicherstellte. Es sei hierbei angemerkt, dass der Staatsgerichtshof

(*Riigikohus*) der Republik Estland auch gegenwärtig nicht in der Landeshauptstadt, sondern in Dorpat seinen Sitz hat, was ebenfalls unmittelbar mit dem Universitätsstandort zusammenhängt.

Im 17. Jahrhundert konkurrierten drei Mächte um die Herrschaft über Stadt und Stadtbewohner: der Rat, die Gilden und Zünfte sowie die schwedische Staatsgewalt, die in Dorpat durch den in der Burg wohnhaften Landeshauptmann vertreten war. Der Dorpater Rat bestand aus zwei Bürgermeistern (dem wortführenden Bürgermeister und dem Justizbürgermeister), fünf bis acht Ratsherren und einem Syndikus, der auch als Stadtsekretär fungierte. Das Amt der Ratsherren wurde auf Lebenszeit vergeben, und wenn die Gesundheit es zuließ, wurde das Amt bis zum Tod ausgeübt. Die neuen Mitglieder des Rates wurden nicht von der Bürgerschaft, sondern von den Ratsherren selbst aus den Reihen der Mitglieder der Großen Gilde oder den Literaten gewählt. Der Rat war zuständig für alle zivil- und strafrechtlichen Angelegenheiten der Stadt, die Aufnahme neuer Bürger sowie die Verwaltung der städtischen Wirtschaft (Finanzwesen, Handel, Handwerk). Die Vertretungsorgane der Stadtbürger waren die mit dem Rat konkurrierenden Gilden: die aus Kaufleuten zusammengesetzte Große Gilde und die aus Handwerksmeistern bestehende Kleine Gilde. Die wohlhabendsten Handwerker Dorpats, die Goldschmiede, gehörten ausnahmsweise der Großen Gilde an, obwohl die standesstolzen Kaufleute sie daraus gelegentlich zu verdrängen versuchten. Es gab ein ständiges Gerangel darum, ob die von den Gilden gewählten Oldermänner nur auf die formale Zustimmung des Rates angewiesen sind oder der Rat das Recht hat, eine Wahl unter den von der Gilde vorgeschlagenen Kandidaten zu treffen. Die Tatsache, dass die Gilden das Recht beanspruchten, die Aufsicht über die Finanzen der Stadt zu führen, hinderte den Rat an der Abwicklung auf eigenen Vorteil bedachter Geschäfte. So musste der Rat dem gewachsenen Einfluss der Gilden Rechnung tragen. Der Rat profitierte von dem Rangeln zwischen der Großen und der Kleinen

Gilde, das ihm eine gute Gelegenheit bot, die ihm jeweils sympathischere Partei zu unterstützen.

Nachdem Livland und Ösel dem Schwedischen Reich einverleibt worden waren (1645), war das von ethnischen Esten bewohnte Gebiet zum ersten Mal in der Geschichte unter der Gewalt eines einzigen Herrschers vereinigt. Denkt man an die heutigen Grenzen der Republik Estlands, so war das einzige Gebiet, worauf sich die schwedische Herrschaft nicht erstreckte, das in der südöstlichen Ecke Estlands liegende Setumaa, das bereits ab dem Ende der Kreuzzugszeit unter russischer Herrschaft gestanden hatte. Estland bildete jedoch keine einheitliche Verwaltungseinheit, sondern blieb zwischen den Gouvernements Estland und Livland aufgeteilt.

Die Friedenszeit dauerte in Dorpat drei Jahrzehnte. 1656 begann Russland einen Krieg gegen Schweden mit dem Ziel, die Häfen der Ostseeprovinzen einzunehmen. Die russischen Hauptstreitkräfte zogen unter dem Kommando von Zar Alexei nach Riga. Eine weitere bedeutende russische Offensive fand in Richtung Dorpat statt. Am 28. Juli 1656 (hier und künftig bis 1918 nach julianischem bzw. altem Stil) erreichten die von Pleskau aufgebrochenen russischen Truppen unter der Leitung des Fürsten Alexei Trubezkoj Dorpat und begannen mit der Belagerung der Stadt. Die Befestigungsanlagen der Stadt befanden sich in völlig verwahrlostem Zustand. Dorpat wurde von einer nur 220-köpfigen schwedischen Garnison verteidigt, der seit mehr als einem Jahr kein Sold ausgezahlt worden war und deren Motivation daher eher gering war. Zwischen dem Rat und den schwedischen Behörden herrschte kein gutes Verhältnis. Die Stadt war in der Vergangenheit wiederholt von Hand zu Hand gegangen und der Übergang unter russische Herrschaft wurde nicht als Gefahr wahrgenommen. Im Gegenteil, man hoffte unter einem russischen Regime auf günstigere Handelsbedingungen mit Russland und auf die Wiederkehr der früheren Blütezeit der Hanse. Der an die Bürger erteilte Befehl, bei Tag und Nacht

Wachdienst auf den Wällen zu leisten, wurde als lästige Pflicht angesehen. Für die Verteidigung rekrutierte man auch Bauern, die dies aber ebenfalls ohne sonderliche Begeisterung taten. Es mangelte sowohl an Waffen als auch an Schießpulver. Nachdem ein aus Reval entsandter Trupp zum Rückzug gezwungen wurde, ohne Dorpat zu erreichen, konnte die belagerte Stadt nicht mehr mit Hilfe rechnen. Den Russen gelang es hingegen, schwere Belagerungsgeschütze aus Pleskau anzuschaffen. Der mit der Verteidigung der Stadt beauftragte schwedische Landeshauptmann Lars Klasson Fleming hielt die so entstandene Lage für völlig aussichtslos und nahm, ohne die Erstürmung der Stadt durch den Feind abzuwarten, Verhandlungen mit den Russen auf, die am 12. Oktober 1656 zur Kapitulation führten. Obwohl die Russen den Stadtbewohnern erlaubten, die Stadt mit ihrem beweglichen Eigentum frei zu verlassen, machten nur recht wenige von dieser Möglichkeit Gebrauch. In Dorpat wurde eine 5000 Mann starke russische Garnison stationiert, was den Stadtbewohnern nicht allzu viel Bewegungsfreiheit und Handlungsspielraum ließ. Anfang 1657 schickte der Rat zwei Gesandte nach Moskau, um vom Zaren größere Rechte für Dorpat zu fordern. Einiges konnte den Russen tatsächlich abgehandelt werden, aber die Pest, von der die Stadt heimgesucht wurde, führte zum Abbruch des Handels und jeder anderen Kommunikation, weshalb die Moskau-Reise nur wenig Nutzen brachte. Die russische Macht unterschied sich von der der Polen oder der Schweden auch dadurch, dass sie die Dorpater Handwerker zwangsweise nach Russland zu verschicken begann. In diesem Land herrschte an qualifizierten Handwerkern ein ständiger Mangel, dem man durch die Zwangsumsiedlung abzuhelfen versuchte.

So blieb Dorpat der größte Ort, den die Russen in Livland zu erobern vermochten, da die russischen Truppen vor Riga zum Rückzug gezwungen wurden. Mit dem am 20. Dezember 1658 geschlossenen Waffenstillstand von Wallisaar wurden die von den Schweden eroberten Gebiete den russischen Truppen überlassen.

Bis dahin hatten die russischen Truppen von Schwedens gleichzeitigem Krieg mit Polen-Litauen profitiert. Als Polen-Litauen und Schweden jedoch 1660 den Frieden von Oliva schlossen, ließ dies Schweden zur Abwehr der Russen freie Hand. Russland hielt es daher für vernünftiger, den Krieg zu beenden, und schloss am 21. Juni 1661 mit den Schweden den Frieden von Kardis. Laut dem Friedensvertrag mussten die russischen Truppen aus den eroberten Gebieten, darunter auch Dorpat, abgezogen werden. Gleichzeitig bestätigte Russland, dass Livland „für immer und ewig" Schweden gehöre und Russland seine eigenen Ansprüche aufgeben werde. Immerhin hielt sich Russland knapp vierzig Jahre an dieses Versprechen.

Eine entscheidende Wende hinsichtlich der Stärkung der schwedischen Macht und Rechtsordnung in Livland und Estland brachten die von König Karl XI. (1660/1672–1697) eingeleiteten absolutistischen Reformen, die unter anderem auf eine engere Integration überseeischer Gebiete als bisher abzielten. In erster Linie bezogen sich die Reformen auf die Beziehungen zwischen dem Staat und dem lokalen Adel (Güterreduktion), auf die Landbevölkerung und das kirchliche Leben, in geringerem Maße auf die Lebensverhältnisse in den Städten und auf die Rechtsordnung. Das schwedische Stadtrecht konnte von den Städten nur in Narwa durchgesetzt werden. Grundlage der Rechtsordnung und des Alltagslebens von Dorpat blieb bis zum Ende der schwedischen Zeit das Rigaer Stadtrecht. Das schwedische Recht gelangte nur als subsidiäres Recht in den Bereichen, wo die aus dem Mittelalter stammende Rechtsordnung Lücken aufwies, zur Anwendung. Karl XII. (1697–1718), der im Alter von 15 Jahren seinem Vater auf den Thron folgte, setzte die Annäherung der Verwaltung der Provinzen an das Mutterland fort. Die Generalgouverneure von Livland Jakob Johan Hastfer (1686–1695) und Erik Dahlbergh (1696–1702) waren königstreue Administratoren, die genug Willen und Energie hatten, um die schwedische Herrschaft kraftvoller durchzusetzen. Außer der

Unterdrückung der Adelsopposition versuchten sie, die Macht der Ratsherren in den Städten zu beschneiden. Hastfer zufolge habe er an jedem Posttag mit Streitigkeiten und Zänkereien in Dorpat mehr zu tun als mit der restlichen Provinz insgesamt. Nach Ansicht des Generalgouverneurs seien die Ratsherren nicht einmal imstande, sich selbst zu verwalten, geschweige denn die Stadt. Hastfer stellte daher das Finanzwesen von Dorpat unter staatliche Kontrolle und verlangte von den Ratsherren die Rückerstattung der Ausgaben, die nach seiner Ansicht nicht im Interesse der Stadt getätigt worden waren. Hastfer intervenierte auch in die Bürgermeisterwahlen, nachdem der Rat dies im Laufe eines ganzen Jahres nicht bewältigt hatte.

Im Jahre 1690 wurde das livländische Gouvernement an der estnisch-lettischen Sprachgrenze in zwei Teile aufgeteilt. Zum Zentrum des estnisch besiedelten Gebietes wurde Dorpat, zu dessen Verwaltung ein Ökonomiestatthalter eingesetzt wurde, der nicht nur für wirtschaftliche Angelegenheiten, sondern auch für die polizeiliche Aufsicht und die Organisation des kirchlichen Lebens zuständig war. In Zusammenhang mit der militärischen Befestigung von Dorpat in den letzten Jahrzehnten des Jahrhunderts wurde der Garnisonskommandant zur wichtigen Figur in der Stadt, der außerdem auch mehrere mit der zivilen Verwaltung verbundene Aufgaben wahrnahm. Obwohl die Beziehungen zwischen Staat und Stadt, wie wir oben gesehen haben, nicht immer ungetrübt waren, kann nicht von ernsteren Meinungsverschiedenheiten, geschweige denn von Streitigkeiten oder Zusammenstößen gesprochen werden.

Bevölkerung, Handel und Wandel

Im Mittelalter war Dorpat hinsichtlich der Einwohnerzahl nach Reval die zweitgrößte Stadt Estlands. Während der schwedischen Zeit fiel Dorpat in der Reihenfolge der Städte hinsichtlich der Einwohnerzahlen auf den dritten Platz, indem es von Narwa, das im 17. Jahrhundert eine wahre Blütezeit erlebte, überholt wurde. Am Ende des 17. Jahrhunderts zählte Reval 12.000 und Narva 4000 Einwohner. Dorpats Einwohnerzahl wurde zur gleichen Zeit auf 2000 geschätzt, wobei sie in neueren Studien auch auf über 3000 beziffert wird. Die Einwohnerzahl der anderen Städte im heutigen Estland – im 17. Jahrhundert waren es nur nur zehn – betrug weniger als 1000. Nur die Einwohnerzahl von Pernau übertraf die Grenze von 1000, wodurch es nach Dorpat zahlenmäßig die viertstärkste Stadt war.

Hinsichtlich der ethnischen Zusammensetzung waren unter den Einwohnern von Dorpat die Deutschen am zahlreichsten. Die Esten, die hauptsächlich zur städtischen Unterschicht gehörten, dürften an der Gesamtzahl der Stadtbewohner einen fast ebenso großen Anteil wie Deutsche gebildet haben. Die soziale Schichtung der Stadt war nicht immer deckungsgleich mit der Nationalität. In der Dorpater Bürgerschaft gab es auch Esten, wenngleich sie dort eine deutliche Minderheit bildeten, während man unter Stadtbettlern auch Deutsche antreffen konnte. Neben Deutschen und Esten waren auch andere Nationalitäten vertreten. Im Vergleich zu anderen Städten Estlands waren in Dorpat mehr Russen und Letten und weniger Finnen und Schweden wohnhaft.

In der Zeit der schwedischen Herrschaft erlitt die wirtschaftliche Entwicklung Dorpats nach der Blütezeit der Hanse einen Rückschlag. Obwohl das Schwedische Reich äußerst interessiert war, die Kontrolle über die in der Ostsee verlaufenden Handelswege zu erlangen und eine führende Rolle im Handel zwischen Europa und Russland einzunehmen, war dies für das im Binnenland liegende Dorpat nur wenig hilfreich. Die neuen Handelswege verliefen nun über See. Von den Städten des heutigen Estland waren so nur Reval und Narwa in der Lage, am Großhandel teilzunehmen. Dorpat wurde von den Verbindungswegen zwischen West und Ost zunehmend abgeschnitten. Ein bedeutender

Handelsweg von Riga nach Pleskau verlief zu Land über Neuhausen nur etwa hundert Kilometer von Dorpat entfernt. Um den Dorpater Handel anzukurbeln, führte Generalgouverneur Skytte zwar niedrigere Zolltarife ein, aber die Kaufleute waren eher bereit, höhere Zölle zu zahlen, anstatt ihre Reise um mehrere Hundert Kilometer zu verlängern. Die Schließung der Handelsstraße von Neuhausen sowie die Rückführung des Handels zwischen Livland und Russland nach Dorpat wurden zu einer der obersten Prioritäten der Stadtverwaltung. Eine Schlüsselfigur dabei war der 1638 zum Justizbürgermeister ernannte Joachim Warnecke, der seine Professur an der Universität Dorpat aufgab, um sich der Lösung der Handelsprobleme der Stadt zu widmen. Nachdem die jahrelange Lobbyarbeit keine Früchte getragen hatte, beschloss Warnecke 1645, selbst nach Stockholm zu reisen, wobei er einen Großteil der Kosten aus eigener Tasche bezahlte. Zwei Jahre später kehrte er tatsächlich mit einem Privilegienbrief zurück, dessen wichtigster Punkt für die Bewohner von Dorpat darin bestand, dass kein Kaufmann aus Livland nach Russland oder zurück auf einer anderen Route als über Dorpat reisen durfte, wobei man in Dorpat samt Waren einen Zwischenaufenthalt von mindestens vier Tagen machen musste. Die Stadt wurde somit zum Stapelplatz für russische Waren in Livland erklärt und die Handelsstraße von Neuhausen musste geschlossen werden. Dagegen wehrte sich nun ihrerseits die im Vergleich zu Dorpat viel einflussreichere Stadt Riga, deren Vertreter als Argument vorbrachten, dass der gesamte bisherige Transithandel mit Russland gefährdet sei, wenn den Wünschen der Stadt Dorpat entsprochen würde. Die Erhaltung der Handelsstraße von Neuhausen verlangte auch Russland. Die schwedische Regierung setzte eine Sonderkommission ein, die nach langwierigen Diskussionen schließlich zu dem Schluss kam, dass dem Dorpater Handel zwar auf die Beine geholfen werden sollte, die allgemeinen Handelsinteressen jedoch nicht geopfert werden dürfen. Bereits 1648 wurde der Handel auf der über Neuhausen verlaufenden Straße wieder von Einschränkungen befreit, was für die Stadt Dorpat bedeutete, dass sie von der Liste der großen Handelsstädte des Landes gestrichen wurde. Die russischen Warenströme konnten auch in den folgenden Jahrzehnten nicht in die ehemalige Hansestadt zurückgeführt werden. Auch die wiederholten Versuche der Stadt, für ihre Kaufleute das Recht zu erhalten, in den Seestädten Reval und mit Ausländern Direkthandel zu betreiben, blieben erfolglos.

Eine Möglichkeit der Wiederherstellung der Handelspositionen von Dorpat sah man darin, die Wasserstraße, die vom Peipussee den Embach entlang bis zum Wirzsee und von dort verschiedene Flüsse entlang zum an der Ostsee liegenden Pernau verlief, in Gebrauch zu nehmen. Dies wäre die kürzeste und wahrscheinlich auch billigste Handelsstraße zwischen Pleskau und der Ostsee gewesen. Der Engpass dieser Handelsstraße waren die relativ kleinen Flüsse in der Nähe von Fellin, die dazu in großem Umfang vertieft werden mussten. Der am Ende der Strecke befindliche Pernauer Fluss eignete sich zwar hinsichtlich seiner Breite, hatte aber für die Schifffahrt stellenweise eine reißende Strömung. Auf Initiative von Generalgouverneur Oxenstierna begann man bereits in den 1630er-Jahren, sich mit der möglichen Ingebrauchnahme der Wasserstraße zu beschäftigen. Es gab auch einen Großinvestor – den Amsterdamer Kaufmann Johann Wickewoorth –, der sich zur Finanzierung der für den Bau der Wasserstraße erforderlichen Vertiefungsarbeiten bereit erklärte. Alle Pläne wurden durch den im Jahre 1656 ausgebrochenen Nordischen Krieg vereitelt. Der Bau der Wasserstraße Pleskau–Dorpat–Pernau wurde auch in der zweiten Hälfte des 17. Jahrhunderts mehrmals auf die Tagesordnung gesetzt, abermals ist man damit jedoch nicht weitergekommen.

So kam der Dorpater Handel in der schwedischen Zeit zum Stillstand, indem er sich auf den Laden- und Bauernhandel beschränkte. Die städtischen Kaufleute zogen auf dem Land von Ort zu Ort und kauften auf Landgütern und von Bauern landwirtschaftliche Erzeugnisse, indem sie im Gegenzug verschiedene Gebrauchsartikel wie Metallwaren, Salz, Tabak u. ä. zum Verkauf anboten. Offiziell bestanden die Zentralbehörden wie auch der Rat darauf, dass die Landbewohner und Stadtbürger auf dem städtischen Markt Handel betreiben müssen. Nur für den Fall, dass die Waren auf dem Markt nicht abgesetzt werden konnten, durfte der Bauer mit seinen Waren zu einem Stadtbürger gehen. In Anbetracht dessen, dass der Bauer dem städtischen Kaufmann oft mehr vertraute als dem Gutsbesitzer, entwickelte sich im Laufe der Zeit eine Beziehung, die von den Zeitgenossen mit dem estnischsprachigen Begriff *sõbrakaubandus* (Freundschaftshandel, im baltischen Deutsch „Sebberei") bezeichnet wurde. Allzu freundschaftlich war diese Art des Handels allerdings nicht: Bei jeder Gelegenheit versuchte man, den Bauern zu übervorteilen, um seine Waren zu einem niedrigeren Preis zu kaufen und ihm die eigenen Waren zu einem überhöhten Preis feilzubieten. Um den Bauern leichter überreden zu können, wurde er oft betrunken gemacht. Gegen die Sebberei wurde vom Staat, dem Rat wie auch den Gutsbesitzern angekämpft, aber diese Art des Handels erhielt sich bis ins 19. Jahrhundert. Neben dem Handel erzielten die Dorpater Kaufleute zusätzliche Einnahmen aus der Immobilienvermietung und dem Bierbrauen. Die Höhepunkte des städtischen Handels in Dorpat waren die großen Jahrmärkte, die zweimal im Jahr abgehalten wurden. Der am Dreikönigstag (dem 6. Januar) begonnene Winterjahrmarkt und der am St. Peters- und Paulstag (dem 29. Juni) begonnene Sommerjahrmarkt waren auch für ausländische Kaufleute zugänglich. Auf dem im Herbst abgehaltenen Marienmarkt (am 8. September) und Michaelismarkt (am 29. September) beschafften die Stadtbewohner ihre Wintervorräte.

Angesichts des stagnierenden Handels war Dorpat im 17. Jahrhundert in erster Linie eine Handwerkerstadt. Das aus dem Mittelalter stammende Gilde- und Zunftwesen erhielt sich ohne größere Veränderungen auch in der schwedischen Zeit. In Dorpat war es üblich, dass sich in einer Zunft die Vertreter mehrerer Handwerkszweige zusammenschlossen, die in anderen Städten möglicherweise gesonderte Berufe ausübten. So etwa gehörten zu ein und derselben Zunft alle Metallverarbeiter: Eisenschmied, Schlosser, Messerschmied, Schwertschmied, Kupferschmied, Bronzegießer und Harnischmeister. Ein Großteil der Dorpater Handwerker waren Deutsche. Es sind nur einzelne Esten bekannt, die in Dorpat auf einen grünen Zweig zu kommen vermochten. Einer von ihnen war ein Metzger mit dem für seinen Beruf charakteristischen Namen Hans Sittasolick (Dreckdarm), der mehrere Häuser in der Innenstadt besaß. Die Zunftordnung stellte Anforderungen nicht nur an die Qualität der Arbeit, sondern auch an die Herkunft des Handwerksmeisters und sein Verhalten. Der Dorpater Handwerksmeister musste unbedingt lutherisch und gesetzlich geboren sein. In den Vorschriften war auch festgelegt, wie die für einen Handwerksmeister geeignete Ehefrau sein sollte. In den Statuten der Dorpater Schusterzunft hieß es ausdrücklich: Wer eine ungeeignete Frau heiratet, darf in dieser Stadt nicht Stiefel anfertigen.

Über die Manufakturen in Dorpat liegen nur wenige Mitteilungen vor, nennenswerte gewerbliche Produktion gab es im damaligen Dorpat aber nicht. Dennoch wurde die Strömung des Embachs zum Betrieb der Getreidemühlen und einiger Sägewerke eingesetzt.

Am Ende der schwedischen Herrschaft wurde die Region von der größten Hungersnot ihrer bisherigen Geschichte heimgesucht. Im Jahre 1695 regnete es ununterbrochen den ganzen Sommer über vom Johannistag bis Michaelis, was zum völligen Ernteausfall führte. Selbst die Ernte, die eingebracht werden konnte, ähnelte nach der Trocknung Kümmelkörnern. Das gleiche Wetter gab es auch im nächsten Sommer und es gab so gut wie keine Ernte. Bereits ab Spätherbst starben die Menschen massenhaft an Hunger. Die Menschen strömten vom Land in die Städte, in der Hoffnung auf die dortigen Getreidevorräte.

Mit der Hungersnot gingen Krankheiten, Plünderungen und Morde einher. Von all dem war auch Dorpat betroffen, dessen Umgebung die Hungersnot sogar stärker verheerte als abgelegenere Gebiete. In Dorpat wurden an 400 Bettler zinnerne Zeichen verteilt, bei deren Vorlage man von der Stadt ein Pfund Brot pro Tag erhielt. Die übrigen Hilfsbedürftigen, deren Zahl die der so anerkannten Bettler mehrfach überstieg, wurden vor die Stadttore getrieben, wo sie der Hungertod erwartete. Auf dem Gebiet des heutigen Estland fielen insgesamt 70.000–75.000 Menschen der Hungersnot zum Opfer, was etwa ein Fünftel der damaligen Bevölkerung ausmachte.

Der Geist des Protestantismus

Mit der Befreiung von der polnisch-litauischen Herrschaft und der Errichtung der schwedischen Macht erhielt die junge lutherische Kirche in Livland den Status einer Staatskirche. Die Kämpfe des lutherischen Schwedischen Königreichs mit der katholischen Krone Polen-Litauens und dem orthodoxen Russland nahmen zwangsläufig auch eine religiöse Dimension an. Ab dem Dreißigjährigen Krieg wurde Schweden zu einem Bollwerk des Luthertums im Ostseeraum und darüber hinaus. Dies führte zur strengen Einhaltung der lutherischen Orthodoxie. Das Schwedische Reich war in religiöser Hinsicht intolerant und duldete auch in den Provinzen keine Abweichung vom orthodoxen Luthertum auf der Grundlage des Augsburgischen Bekenntnisses von 1530.

1622 wurde Hermann Samson (1579–1643) höchster Geistlicher – Superintendent – von Livland, der bereits in der polnisch-litauischen Zeit in Riga eifrig gegen die Jesuiten angekämpft hatte und nun eine Vorreiterrolle bei der Durchsetzung der lutherischen Orthodoxie in Livland übernahm. Erst in dieser Zeit begannen die Hexenprozesse. Die letzte bekannte Hinrichtung wegen Hexerei in Livland fand im Jahre 1699 eben in der Universitätsstadt Dorpat statt. Neben verschiedenen direkten Hexerei-Anschuldigungen wurden Menschen für die Verwandlung in einen Werwolf oder für den Umgang mit dem Teufel bestraft. Den Verhörprotokollen zufolge sah der Teufel für einen estnischen Bauern so aus: Wie ein Herr gekleidet, meistens in Blau, heißt Heiliger Pater [sic!] und kann durch Nennung des Namens der Gutsfrau zu Hilfe gerufen werden.

In der Geschichtsschreibung werden in Zusammenhang mit dem lutherischen Glauben weitaus positivere Aspekte hervorgehoben: die Bereitstellung von Bildung für die Bauernschaft, was wiederum bedeutete, dass man viel größere Aufmerksamkeit als zuvor darauf verwandte, die estnische und lettische Sprache druckfähig zu machen und Bücher, hauptsächlich geistliche Literatur, in diesen Sprachen herauszugeben. Einen spürbaren Aufschwung erlebte das kirchliche Leben durch die Reformen Karls XI. Das schwedische Kirchengesetz von 1686 wurde schrittweise auch in den schwedischen Ostseeprovinzen eingeführt, in Livland und Dorpat geschah dies 1694. Eine sehr wichtige Rolle bei der Durchsetzung der schwedischen Kirchenpolitik spielte der aus Lübeck gebürtige Johann Fischer, der in den Jahren 1676–1699 das Amt des Generalsuperintendenten von Livland innehatte und zuvor das Amt des Superintendenten in Sulzbach in der heutigen Oberpfalz bekleidet hatte. Fischers religiöse Ansichten standen dem frühen Pietismus nahe. Im gleichen Geist bemühte er sich auch um die kirchliche Bildung der Esten und Letten. Auf Fischers Initiative wurde der Grundstein für das Volksschulnetz in Livland gelegt.

Das schwierigste Problem bei der Förderung der Volksbildung war der Mangel an geeigneten Schulmeistern. Um dieses Problem zu lösen, gründete Fischer im Herbst 1684 auf dem Bischofshof in der Nähe von Dorpat eine estnische Bauernschule, wo Bengt Gottfried Forselius (1660–1688), ein schwedischer Pastorensohn aus Nordestland, der an der Universität Wittenberg studiert hatte, als Lehrer tätig war. Unter seiner Leitung wurden im Laufe von zwei Jahren insgesamt 160 bis 200 Bauernjungen aus den benachbarten Kirchspielen in Dorpat unterrichtet. Dank einer Unterrichtsmethode, die auf der phonetischen Aussprache der estnischen Schriftsprache beruhte, gelang es Forselius, den Jungen in zehn Wochen das Lesen beizubringen. Die tüchtigsten Schüler wurden auf die Schulmeister- und Küsterarbeit vorbereitet. Dafür musste man außer Lesen auch Schreiben und Rechnen lernen sowie den Katechismus mit Erläuterungen und die wichtigsten Kirchenlieder beherrschen. Bereits im Herbst 1686 nahmen etwa zehn von Forselius ausgebildete Schulmeister ihre Arbeit an den in Livland eingerichteten Bauernschulen auf. Im Herbst des gleichen Jahres demonstrierte Forselius die Unterrichtsergebnisse auch dem König in Stockholm, wohin er zwei Schüler mitbrachte, die vom König jeweils einen goldenen Dukaten als Geschenk für ihre Tüchtigkeit erhielten. Im darauffolgenden Winter 1687/1688 waren bereits mehr als 50 Schulen gegründet worden; in den meisten von ihnen waren Schüler der Dorpater Schule von Forselius als Lehrer tätig. Am Ende der schwedischen Zeit war das ganze heutige Südestland mit einem Netz von Volksschulen überzogen und die Zahl der lese- und schreibkundigen Bauern war bemerkenswert hoch. Dem Sagnitzer Pastor Chilian Rauschert (1652–1717) zufolge folgten die Hirten der Herde und lasen ein Buch. Das eigene Leben von Forselius nahm jedoch ein unglückliches Ende: 1688 kam er als noch junger Mann auf dem Rückweg aus Stockholm bei einem Schiffsunglück ums Leben.

Die strenge lutherische Orthodoxie hielt sich in Livland und Estland bis zum Ende der schwedischen Zeit. Alle Pastoren, die sich vom „wahren" Glauben abgewandt hatten, sollten aus dem Land ausgewiesen werden. Im Jahre 1699 legte auch Fischer sein Amt nieder und reiste nach Deutschland, wo er seine Tätigkeit als Superintendent in Magdeburg fortsetzte.

Mit dem Gedeihen der Volksbildung verbesserte sich auch das Verhältnis zwischen dem Volk und der Kirche. Die Pastoren hatten am Ende der schwedischen Zeit eine Universitätsausbildung und mussten der estnischen Sprache kundig sein. Es wurden aus der Bauernschaft stammende Kirchenvormünder eingesetzt, die sich um die wirtschaftlichen Angelegenheiten der Gemeinde kümmerten.

Dorpat hatte in der schwedischen Zeit zwei Kirchen: Die Johanniskirche, die eine deutsche und eine estnische Gemeinde beherbergte, und die Marienkirche, die sich an der Stelle des heutigen Universitätsgebäudes befand und nach der Eroberung der Stadt von den Polen der schwedischen Gemeinde übergeben wurde. Der auf dem Domberg befindliche Dom wurde 1624 durch einen Brand stark beschädigt und blieb seitdem endgültig eine Ruine. Dorpat war zwar lange Zeit Sitz des livländischen Oberkonsistoriums, aber über die Macht und die Mittel des früheren Bistums, mit denen man die größte Kirche ganz Livlands hätte wiederaufbauen können, verfügte die Stadt nicht mehr.

Academia Gustaviana und Academia Gustavo-Carolina

Die Universitätsgründung war Teil der Festigung der schwedischen Staatsgewalt in Livland. In dem durch die Kriege verheerten Land mangelte es an Staatsbeamten, Pastoren, Ärzten, Haus- und Gymnasiallehrern. Das bisher gewöhnliche Studium an deutschen Universitäten war aber wegen des Dreißigjährigen Krieges fast unmöglich geworden. Die Universitätsgründung in Dorpat hatte zweifelsohne auch einen religiösen Hintergrund. Hier hatte sich das Jesuitenkolleg samt Gymnasium und Dolmetscherseminar befunden. Die protestantische Universität sollte also auch ein Gegengewicht zu der bis dahin existierten katholischen Bildungsanstalt bilden.

Die Universitätsgründung wurde von Generalgouverneur Johan Skytte initiiert. Der erste Schritt war die Gründung eines akademischen Gymnasiums in Dorpat, aus dem die neue Universität hervorgehen sollte. Zu diesem Zweck lud Skytte Johannes Raicus, einen aus Böhmen gebürtigen Professor der Universität Uppsala, der in Wittenberg studiert hatte, nach Dorpat ein, der auch andere Mitglieder des auch für die Universität geeigneten Lehrkörpers mit sich bringen musste. Das Gymnasium wurde im Herbst 1630 in demselben Gebäude eröffnet, in dem nur fünf Jahre zuvor das Jesuitengymnasium geschlossen worden war. Im Jahre 1632 nahm in denselben Räumen am Fuße des Dombergs, weniger als einen Steinwurf vom heutigen Standort des Hauptgebäudes der Universität entfernt, die Universität Dorpat ihre Tätigkeit auf. Im Jahre 1642 zog die Universität in das Gebäude gegenüber der Johanniskirche um, das bis zum Ende der schwedischen Zeit ihr Sitz blieb.

Das Schwedische Reich hatte bisher nur die Universität Uppsala im Jahre 1477 gegründet. Dorpat wurde die zweite Universitätsstadt im Schwedischen Reich – Lund gehörte zu jenem Zeitpunkt noch zu Dänemark. Acht Jahre später, im Jahre 1640, gründete die schwedische Krone die Universität Åbo/Turku. Die Stadt Greifswald mit ihrer 1456 gegründeten Universität war 1648–1815 ebenfalls in schwedischem Besitz.

Die Gründungsurkunde der Universität unterzeichnete König Gustav II. Adolf am 30. Juni 1632, als er sich im Kriegslager bei Nürnberg aufhielt. Die Eröffnungsfeier der Universität fand einige Monate später, am 15. Oktober 1632, statt. Generalgouverneur Skytte, der die Eröffnungsrede hielt, erklärte, dass neben Adligen und Stadtbürgern auch Bauern an der Universität studieren können sollten. Dazu kam es im 17. Jahrhundert jedoch nicht. Studenten estnischer Herkunft gab es an der Universität Dorpat in der schwedischen Zeit nicht, und aus dieser Zeit ist auch nur ein Student lettischer Herkunft – Johannes Reuter – bekannt.

Die Geschichte der Universität Dorpat gliedert sich in schwedischer Zeit in zwei Perioden: Die erste, nach König Gustav II. Adolf benannte Periode der *Academia Gustaviana* dauerte in

Dorpat bis zum Ausbruch des Russisch-Schwedischen Krieges im Jahre 1656. Dann wurde die Universität nach Reval verlegt, wo sie sich bis 1665 nicht weiterzuentwickeln vermochte. Die Stadt Reval fühlte sich auch ohne die Universität stolz genug und nutzte die ihr zuteilgewordene Chance, zur Universitätsstadt geworden zu sein, nicht aus. Die zweite Periode, die der *Academia Gustavo-Carolina*, in der dem Namen des Universitätsgründers auch der Name des damaligen Königs Karl XI. hinzugefügt wurde, begann mit der Wiedereröffnung der Universität in Dorpat im Jahre 1690. Diesmal gab es für den Universitätssitz zwar auch andere Kandidaten – das vom Generalgouverneur favorisierte Riga und das vom Generalsuperintendenten bevorzugte Pernau –, aber der König, dessen Wort ausschlaggebend war, löste den Streit zugunsten Dorpats, weil dort die Universität bereits existiert hatte.

Im Jahre 1632 nahm die Universität ihre Tätigkeit mit 65 Studenten auf, später nahm die Zahl der in Dorpat eingeschriebenen Studenten zu, indem sie sich auf etwa hundert und in den besseren Jahren auf noch einige Dutzend mehr belief. Zum Vergleich sei angemerkt, dass an der Dorpater Mutteruniversität in Uppsala damals gleichzeitig über tausend Studenten immatrikuliert waren. Insgesamt wurden in der schwedischen Zeit in die Matrikel der Dorpater Universität 1411 Studenten eingetragen, die in Reval und Pernau eingeschriebenen Studenten nicht mitgerechnet. In Dorpat waren gleichzeitig etwa zehn Professoren angestellt. Die Gesamtzahl der Mitglieder des Lehrkörpers, der in der schwedischen Zeit an der Universität tätig war, beläuft sich auf mehr als ein halbes Hundert.

Hinsichtlich ihrer Ordnung ähnelte die Universität Dorpat den anderen europäischen Universitäten jener Zeit. Es gab vier Fakultäten: die theologische, juristische, medizinische und philosophische Fakultät. Das Studium begann an der philosophischen Fakultät, die das Grundwissen für das weitere Studium an den anderen Fakultäten vermittelte. Da die höhere Bildung nach dem damaligen Brauch durch das Studium an mehreren Universitäten erworben wurde, beschränkte sich ein Großteil der in Dorpat Immatrikulierten auf zwei bis vier Studienjahre. Der Unterricht fand in Form von lateinsprachigen Vorträgen und Debatten statt. In den Vorlesungen lasen die Professoren Bücher zum wörtlichen Niederschreiben vor, während die Disputationen dazu dienten, Präsentations- und Argumentationsfähigkeiten der Studenten zu entwickeln. Den Magistergrad erlangten in Dorpat weniger als hundert Studenten, was dem Anteil nach den anderen damaligen Universitäten entsprach. In der schwedischen Zeit wurden an der Dorpater Universität nur drei Doktorgrade – alle im Fachbereich Theologie – verliehen.

König Gustav II. Adolf verlieh der Universität Dorpat die gleichen Rechte und Privilegien wie der Universität Uppsala. Die Universität sprach selbst Recht über ihre Professoren, Bediensteten und deren Familienmitglieder sowie über die Studenten. Alle, die im Dienst der Universität standen, waren von staatlichen Steuern befreit. Die Universität wurde von dem aus ordentlichen Professoren bestehenden Senat geleitet, den Fakultäten standen die Dekane vor. Die laufenden Geschäfte fielen in die Zuständigkeit des Rektors, der jedes Semester neu gewählt wurde. In der damaligen Universitätslandschaft konnte auch ein Student hoher Abstammung das Rektorat übernehmen, der dann den Titel *rector illustris* führte. So wurde zum ersten Rektor der Dorpater Universität Jacob Skytte, der 19-jährige Sohn des Generalgouverneurs. Die nächsten Rektoren wurden bereits aus dem Kreis der Professoren gewählt. In Wirklichkeit galt der Rektor damals als der drittwichtigste Mann an der Universität: Der erste war der Universitätskanzler – diesen Posten bekleidete *ex officio* der Generalgouverneur –, der zweite der Vizekanzler, dessen Stelle ebenfalls von Amts wegen vom livländischen Generalsuperintendenten besetzt wurde.

In der Professorenschaft dominierten in der Zeit der *Academia Gustaviana* Deutsche, die hauptsächlich an den Universitäten Wittenberg, Rostock, Greifswald und Königsberg studiert hatten. In der Periode der *Academia Gustavo-Carolina* dominierten Schweden, die zumeist in Uppsala studiert hatten. Dorpat war eine der ersten Universitäten, wo die Newton'sche Lehre vorgestellt wurde. Zur gleichen Zeit blieb der Unterricht an der juristischen und medizinischen Fakultät eher konservativ. Die Bekanntheit der damaligen Universitätsprofessoren beschränkte sich auf die nähere Region. Der Professor für Theologie und alte Sprachen Johann Gezelius (1615–1690) trug in seinen späteren Ämtern, zunächst als Generalsuperintendent von Livland und danach als Bischof von Åbo, zur Förderung der lettischen wie auch der finnischen Volksbildung bei. Sein 1647 veröffentlichtes Lehrbuch der griechischen Grammatik war noch im 19. Jahrhundert in Gebrauch. Erster Geschichtsprofessor war der aus Mecklenburg gebürtige Friedrich Menius (1593–1659), der als Begründer der akademischen Forschung der livländischen Geschichte gilt. Wegen der Anschuldigung, eine Doppelehe eingegangen zu sein, wurde der auch in Glaubensfragen recht liberale Menius gezwungen, Dorpat zu verlassen.

Die ethnische Zusammensetzung der Studenten war im umgekehrten Verhältnis zu derjenigen der Professoren. In der ersten Periode der Universität dominierten Schweden, deren Zahl die der Deutschen übertraf. In der zweiten Periode herrschten bereits die Deutschen vor, hauptsächlich Stadtbürger- und Pastorensöhne. Die Adligen zogen weiterhin die Universitäten der deutschen Länder vor. Zur Erhaltung der Studentenzahl trug die vom König eingeführte Erfordernis bei, wonach in Liv- und Estland alle Kandidaten für Staatsämter, die einen Universitätsabschluss voraussetzten, mindestens zwei Jahre an der Universität Dorpat studiert haben mussten. Eine Rolle spielte auch hier die religiöse Strenge, um die Ausbreitung des immer stärker werdenden Pietismus aus Deutschland in den Ostseeprovinzen zu verhindern. Joachim Rachelius (Rachel, 1618–1669), der an der Universität Dorpat studierte, ist als Verfasser satirischer Dichtungen in die deutsche Literaturgeschichte des 17. Jahrhunderts eingegangen.

In der lokalen Kirchen- und Kulturgeschichte haben von den Studenten der Dorpater Universität in der schwedischen Zeit der Historiker Thomas Hiärne (1638–1678) und die Theologen Johannes Gutslaff, Georg Saleman und Martin Gilläus ihre Spuren hinterlassen.

Die Studenten wurden von zwei Pedellen beaufsichtigt. Das Studentenleben in Dorpat ähnelte dem an anderen damaligen Universitäten. Alle jungen Studenten, die das Studium aufnahmen, mussten die sogenannte Deposition durchmachen. Der vom Senat gewählte offizielle Depositor kleidete den Studenten in zerlumpte und geflickte Kleider, setzte ihm Hörner und Eselsohren auf den Kopf und steckte ihm große Schweinshauer in den Mund. Der Novize, dessen Gesicht verschmiert war, musste vor den Depositor treten, der sein Opfer dann mit einer Holzaxt in der Hand in einen großen Saal trieb, in dem sich die Zuschauer versammelt hatten. Hier wurde der Novize zunächst wegen seines seltsamen Aussehens verspottet, später versuchte der Depositor, den Novizen mit allen möglichen Fangfragen in Verwirrung zu bringen. Nachdem der Novize die Fragen gut oder schlecht beantwortet hatte, wurde er von seinen Attributen befreit. Der Dekan der philosophischen Fakultät, der bei der Zeremonie anwesend sein musste, erklärte den Novizen zum freien Studenten, nachdem diesem Salz auf die Zunge gegeben und Wodka über den Kopf geschüttet worden war. Es war Brauch, ein großes Trinkgelage auf Kosten des Novizen zu veranstalten, wobei sich die älteren Veteranen darum kümmerten, dass das gesellige Beisammensein den Novizen nicht zu billig kommt.

Im Dorpater Straßenbild nahm der Student einen durchaus zentralen Platz ein. Das Selbstbewusstsein der Studierenden wurde auch durch die Autonomie der Universität gestärkt. Straftaten geringerer Schwere wurden im Universitätsgericht relativ milde geahndet.

Im Sommer 1692 wurden fünf Studenten in der Schankwirtschaft Linsen in der Nähe von Dorpat festgenommen und beschuldigt, Stühle, Tische und Fenster zerschlagen und das Kneipenmädchen belästigt zu haben. Einer der Studenten habe diesem nämlich nach Angaben des Mädchens einen unanständigen Antrag gemacht und ihm Geld angeboten. Der Student sagte, dass er nur ein Bier habe bezahlen wollen. Die Studenten wurden in Gewahrsam genommen und durch die Stadt zum Rektor gebracht, der dies bereits als hinreichende Strafe ansah und die Studenten freiließ.

Dorpats Lage, die für eine enge Verbindung nach Schweden zu weit im Landesinneren war, regte in den 1690er-Jahren stets zu Diskussionen über die Verlegung des Universitätsstandortes an. Im Jahre 1699 wurde die Universität nach Pernau verlegt, um die Verbindung nach Schweden zu verbessern und bequemere Studienbedingungen für schwedische wie auch für ausländische Studenten zu schaffen. Durch den im folgenden Jahr ausgebrochenen Großen Nordischen Krieg wurde die Attraktivität der weiterhin in Pernau angesiedelten Universität nicht eben erhöht. Nach der Eroberung Pernaus durch russische Truppen im Jahre 1710 wurde die Tätigkeit der Universität für fast ein Jahrhundert unterbrochen.

Festungs- und Bastionenbau

Die ab 1558 andauernden Kriege und der häufige Übergang der Stadt von einer Hand zur anderen haben keine andere Stadt im heutigen Estland in so großem Umfang verwüstet wie Dorpat. Nach dem Abzug der polnischen Truppen lagen drei Viertel der Stadt in Trümmern. Da in Dorpat wesentlich weniger Geld vorhanden war als in Riga, Reval oder Narwa, verlief auch der Wiederaufbau der Stadt schleppend. Das mittelalterliche Straßennetz der Stadt blieb bis zum Ende der schwedischen Zeit unverändert. Einen Rückschlag versetzte ein großer Brand im Jahre 1667, der in der Innenstadt mehr als 60 Häuser zerstörte.

Anstelle des bereits 1601 abgebrannten Rathauses konnte erst 1693 ein neues errichtet werden. Somit entbehrte Dorpat fast während der gesamten Zeit der schwedischen Herrschaft des wichtigsten Repräsentationsgebäudes der Stadt. Im Jahre 1708 brannten die Russen das neue Rathaus mitsamt der Stadt nieder. Aus den Quellen geht hervor, dass es sich um ein für die damalige Zeit durchaus modernes Gebäude handelte, dessen Äußeres dem heute noch erhaltenen Narwaer Rathaus in mancher Hinsicht geähnelt haben dürfte.

Nicht viel besser verhielt es sich mit der staatlich finanzierten Errichtung von Befestigungsanlagen. Nach der Eroberung Livlands verlagerte sich der Schwerpunkt der schwedischen Außenpolitik nach Süden, weshalb die an der Ostgrenze liegenden Festungen vernachlässigt wurden. Als Dorpat 1656 von den Russen belagert wurde, war die wichtigste städtische Verteidigungsanlage die mittelalterliche Stadtmauer, die wegen des Verfalls nicht mehr begehbar war und an einigen Stellen konnten nicht einmal Wachposten aufgestellt werden. Vor dem Einfall der Russen konnten zwar die Außenbefestigungen instand gesetzt werden, aber für die inneren Befestigungsarbeiten reichten weder Zeit noch Geld. In der zweiten Hälfte des 17. Jahrhunderts wurde sogar darüber diskutiert, ob sich die Befestigung der Stadt überhaupt lohne, oder ob es nicht sinnvoller sei, alles abzureißen und eine neue Stadt ein paar Dutzend Kilometer flussabwärts neben der vorigen Bischofsburg Warbeck zu bauen, wo das niedrigere Relief im Gegensatz zu Dorpat die Anlage wassergefüllter Wallgräben ermöglicht hätte. Zum Glück für die heutigen Einwohner von Dorpat konnten diese Pläne jedoch nicht verwirklicht werden.

Wie es sich für das 17. Jahrhundert gehörte, wurden auch in Livland und Estland vor den Stadtmauern Bastionen errichtet, um die Verteidigungsfähigkeit der Städte zu erhöhen. In Reval trugen sie die Namen der dem Schwedischen Reich gehörenden Regionen (Schonen, Wismar), in Narwa die der antiken Göttinnen (Fortuna, Victoria) und in Pernau die der Himmelskörper (Merkur, Venus). Der Umbau der Dorpater Befestigungsanlagen wurde von Fortifikationsingenieur Erik Dahlbergh, dem späteren Generalgouverneur von Livland, nach dem Vorbild des namhaften französischen Festungsbaumeisters Sébastian Le Prestre de Vauban geplant. Vier der acht für Dorpat geplanten Bastionen konnten fertiggestellt werden. Diese trugen die Namen der schwedischen Herrscher und schützten die auf dem Domberg befindliche Stadtmauer von südlicher und westlicher Richtung: Die Bastion Karls IX. (*Carolus Nonus*) befand sich zwischen der heutigen Sternwarte und dem Barclay-de-Tolly-Platz, auf dem Fundament der Bastion Karl Gustavs (*Carl Gustaf*) befindet sich heute das alte anatomische Theater, die Bastion Gustav II. Adolfs (*Gustavus Adolphus*) ist hinter dem Gebäude des Staatsgerichtshofs gelegen und die Bastion Karls XI. (*Carolus Undecimus*) befindet sich in unmittelbarer Nachbarschaft des Doms und des Domgrabens.

Es konnten jedoch nicht alle geplanten Befestigungsanlagen fertiggestellt werden: Zuvor brach der Große Nordische Krieg aus.

Dorpat im Großen Nordischen Krieg

Die in den Jahren 1660–1661 geschlossenen „ewigen" Friedensverträge Schwedens mit Polen-Litauen und Russland garantierten den Frieden für Livland und Estland für nur vier Jahrzehnte. Im Jahre 1699 wurde ein militärisches Bündnis gegen Schweden geschlossen, in dem der 1697 unter dem Namen August II. zum König von Polen gewählte sächsische Kurfürst Friedrich August (1694–1733, bekannter als „August der Starke"), dem sich König Friedrich IV. von Dänemark (1699–1730) und Zar Peter I. von Russland (1682–1725) anschlossen, eine zentrale Rolle spielte. Das Ziel der Koalition war es, von den Schweden die Gebiete zurückzuerobern, die es „seinen Nachbarn geraubt hatte". Der Krieg gegen Schweden wurde von dem im Exil lebenden Führer der livländischen Adelsopposition Johann Reinhold Patkul angezettelt. Im gleichen Jahr 1699 schloss Patkul, ohne dazu ermächtigt zu sein, im Namen der livländischen Ritterschaft mit August II. ein Abkommen, das vorsah, dass Livland im Fall eines Erfolgs der Verbündeten ein in polnischer Vasallenabhängigkeit befindliches lutherisches Herzogtum mit einer weitgehenden Selbstverwaltung werden sollte, in dem Augusts Erben unabhängig davon, wer nach ihm auf den polnischen Thron gewählt wird, die erbliche Macht behalten hätten. Empört über die absolutistische Politik Schwedens, die die Rechte des livländischen Adels eingeschränkt hatte, hoffte Patkul, dass unter polnisch-monarchisch verschleierter Adelsherrschaft die früheren Rechte und Freiheiten wiederhergestellt werden könnten.

Patkul war sich darüber im Klaren, dass die Einbeziehung Russlands in die Koalition ein großes Risiko darstellte: „Man muss aufpassen, dass der Zar den Braten, den wir in den Ofen geschoben haben, nicht selbst aufisst und uns Livland nicht wegangelt." Doch genauso sollte es kommen. Im Jahre 1699 schien das Risiko jedoch gerechtfertigt zu sein, und sollte Russland tatsächlich über den Fluss Narwa, der als seine Grenze festgelegt worden war, weiter nach Westen vordringen, so meinte Patkul, würden andere europäische Länder es wohl aufhalten.

Der Große Nordische Krieg begann in Livland mit der Erstürmung Rigas durch sächsische Truppen in der Nacht zum 12. Februar 1700. Zur gleichen Zeit griffen die Dänen die schwedischen Besitzungen in Norddeutschland an, erlitten aber bald eine Niederlage. Mit dem am 7. August 1700 geschlossenen Frieden von Traventhal schied Dänemark aus dem Krieg aus. Russland, das noch nichts von der Kapitulation Dänemarks wusste, erklärte Schweden am 19. August 1700 den Krieg. Noch am Tag der Kriegserklärung war der Gesandte des Zaren bei König Karl XII. gewesen und hatte ihm bei einer Audienz die unerschütterliche Freundschaft Peters I. versichert. In einem ersten Schritt begannen die Russen mit der Belagerung von Narwa – einer Stadt, die im Bündnisvertrag gar nicht für Russland vorgesehen war. Die schwedischen Truppen unter dem eigenen Kommando des Königs versetzten am 19. November 1700 den Russen bei Narwa einen vernichtenden Schlag, und es hatte den Anschein, dass die Schweden auch mit ihrem zweiten Gegner erfolgreich fertig geworden waren.

Obwohl Dorpat in den ersten Kriegsmonaten weit entfernt von feindlichen Truppen blieb, herrschte in der Stadt Kriegsstimmung: Dass die sächsischen oder russischen Truppen irgendwann vor den Stadtmauern erscheinen, bezweifelte niemand, man fragte sich nur, wann dies geschieht. In Wirklichkeit waren es die Schweden, die als Erste die Mauern von Dorpat erreichten. Nach der siegreichen Schlacht bei Narwa beschloss König Karl XII. nämlich, in der etwa 50 km nördlich von Dorpat gelegenen Burg Lais/Laiuse zu überwintern. Einige Truppen waren auch in Dorpat einquartiert, ebenso viele Offiziere. Dorpat war auch bereit, den König zu empfangen. Im Frühjahr, als die schwedischen Truppen ihren Vormarsch nach Riga begannen, um die Stadt von der Belagerung durch sächsische Truppen zu befreien, beobachtete der König den Vormarsch der Truppen nur wenige Kilometer von der Stadt entfernt. Nur einmal, während militärischer Übungen, machte Karl XII. einen kurzen Abstecher in die Stadt, was sein einziger königlicher Besuch bleiben sollte. Der König, der lange Zeit unter freiem Himmel gelebt hatte, unterschied sich hinsichtlich seiner Kleidung und seines Aussehens nicht von anderen Militärangehörigen und sein plötzlicher Besuch blieb von den Stadtbürgern fast unbemerkt.

Nach dem Abzug der königlichen Truppen aus der Umgebung von Dorpat hatte es den Anschein, als hätte sich auch der Krieg von der Stadt entfernt. Der Schwerpunkt der Ereignisse verlagerte sich nun nach Polen-Litauen. Karl XII. überschätzte jedoch den Erfolg bei Narwa, als er glaubte, dass sich Russland nicht so bald wieder zu erholen vermöge. Zur Verteidigung Livlands gegen mögliche russische Angriffe wurde ein Heer von relativ geringer Stärke unter der Leitung Wolmar Anton von Schlippenbachs (1658–1739) eingesetzt, wobei finnische Soldaten den Kern des Heeres ausmachten. Am 29. Dezember 1701 errangen die Russen, die ein dreifaches Übergewicht hatten, unter dem Kommando von Boris Scheremetjew bei dem 50 km südlich von Dorpat gelegenen Gut Errestfer/Erastvere ihren ersten größeren Sieg über die Schweden. Nunmehr begann der Untergang des schwedischen Feldheeres. In der am 18. Juli 1702 auf dem Hummelshof/Hummuli ausgetragenen Schlacht vernichteten die Russen fast die ganze Armee Schlippenbachs. Dies gab den Russen die Möglichkeit, in Livland ungehindert zu plündern und marodieren.

Das Niederbrennen von Gutshöfen und Dörfern wurde von der Ermordung der Bevölkerung oder ihrer Zwangsverschickung nach Russland begleitet. Auf den Befehl Peters I., alles zu zerstören, antwortete Scheremetjew:

> Mein Herr, es gibt nichts mehr zu zerstören! [...] Alle Orte sind leer und entvölkert. Tausende Männer, Frauen und Kinder wurden

gefangen genommen, ebenso wie Pferde und Rinder. Diejenigen, die nicht mitgenommen werden konnten, wurden erstochen oder in Stücke gehauen. Ganz Livland und ein Teil von Estland sind so verödet, dass die Orte nur noch auf der Karte existieren. All jene aber, die in Sümpfe und Wälder geflüchtet sind, werden nun meiner Meinung nach bestimmt für dich Partei nehmen.

Im Sommer 1704 begann Peter I. gleichzeitig mit der Belagerung von Narwa wie auch von Dorpat, was von russischer Seite noch nicht als Versuch, die Eroberung der baltischen Länder einzuleiten, sondern als Verbündetenhilfe für August II. ausgegeben wurde. In Richtung Dorpat begannen die Operationen der russischen Truppen mit einer Flussschlacht auf dem Embach. Um die schwedischen Kräfte vorsorglich daran zu hindern, nach dem Eisgang den Peipussee zu erreichen, schickte die russische Seite mehr als 9000 Mann mit 18 Geschützen auf Schiffen von Pleskau über den Peipussee. Am 3. Mai 1704 kam die Truppe, die sich auf dem Fluss bewegte, an der nahe Dorpat gelegenen Festung Warbeck an und wurde dort an Land geschickt. Am Morgen desselben Tages setzte sich die schwedische Flotte unter dem Kommando von Kapitän Carl Gustav Löschern mit 14 Schiffen stromabwärts von Dorpat in Richtung Peipussee in Bewegung. Die Schweden hatten keine Informationen über die russische Flotte. Diese hingegen wussten von der Annäherung der schwedischen Flotte und versperrten den Schiffen an der Flussfurt mit aneinander befestigten Baumstämmen den Weg. Die flussabwärts segelnde schwedische Flotte geriet in eine Falle. Der enge und schnell fließende Fluss machte das Manövrieren unmöglich. Innerhalb von drei Stunden hatten die Schweden die Schlacht verloren. Der Flottenbefehlshaber gab den Befehl, das Flaggschiff „Carolus" durch die Zündung der Pulverfässer in die Luft zu sprengen, und kam zusammen mit seinen Männern ums Leben. Die Russen erbeuteten 12 Schiffe mit 86 Kanonen und einer reichhaltigen Kriegsausrüstung. Die entlang des Embachs verlaufende Nachschubroute war von nun an unter russischer Kontrolle.

Am 21. Mai 1704 setzte sich die 20.000 Mann starke Truppe von Feldmarschall Boris Scheremetjew von Pleskau aus in Richtung Dorpat in Bewegung. Die ersten russischen Truppeneinheiten erreichten Dorpat am frühen Morgen des 4. Juni. Obwohl der Stadtkommandant Carl Gustav Skytte (Großneffe des Generalgouverneurs Johan Skytte) die Stadt gründlich zur Verteidigung vorbereitet hatte, waren die Befestigungsarbeiten noch nicht vollendet. Besonders baufällig waren die alten Mauern am Embach, wo man nur hoffen konnte, dass die sumpfigen Ufer einen feindlichen Angriff zu verhindern mochten.

Nachdem das russische Heer die Stadt umzingelt hatte, begann es mit einem intensiven Artilleriebeschuss. Die Dächer wurden mit Ochsenhäuten bedeckt, um sie vor Brandgeschossen zu schützen. Das Straßenpflaster wurde entfernt, damit Artilleriegeschosse nicht als Querschläger abprallten. Täglich wurden über 200 Geschosse auf die Stadt abgefeuert. Es gab kein Versteck mehr. Allein die Marienkirche, in der die Menschen Schutz suchten, wurde während der Belagerung von über einem halben Hundert russischer Geschosse getroffen.

Anfang Juli 1704 traf Zar Peter I. vor Dorpat ein. Die Belagerung der Stadt erregte bei ihm äußerste Unzufriedenheit. Die Russen hatten als Angriffsrichtung die stärksten Bastionen gewählt, anstatt die Stadt vom Embach aus anzugreifen, wo die Befestigungsanlagen am schwächsten waren. Die Embach-Aue an der Stelle des jetzigen botanischen Gartens war ein sehr sumpfiges Gebiet. Da der Sommer jedoch trocken und heiß war, stellte sie keine natürliche Barriere mehr dar, sodass der Schwerpunkt des Angriffs eben in diese Richtung verlagert werden konnte. Unter ständigem Artilleriebeschuss konnte die Stadtmauer an drei Stellen zerstört werden. In der Nacht zum 13. Juli erstürmten die russischen Truppen mit 6000 Mann das Russische (sic!) Tor. Um zwei Uhr morgens wurde die Schlacht auf Befehl des Kommandanten abgebrochen und es wurden Verhandlungen mit dem Gegner aufgenommen. Nach langem Handeln einigte man sich darauf, dass die schwedischen Soldaten und Offiziere ungehindert abziehen durften. Am Nachmittag desselben Tages rückten die russischen Truppen nach Dorpat ein.

Bei der Eroberung von Dorpat verloren die russischen Truppen 3000–3400 Mann als Tote und Verwundete, davon 2500 beim Sturmangriff. Die schwedischen Verluste werden auf 1400–2000 Mann geschätzt, davon 700–900 bei der Abwehr des Sturmangriffs. Die Russen errangen eine sehr große Kriegsbeute: 132 Artilleriegeschütze verschiedener Typen, 1500 Kanonenkugeln, 500 andere Geschosse und umfangreiche Lebensmittelvorräte.

Am 9. August 1704 erstürmten die russischen Truppen auch Narwa. Direkte Kampfhandlungen flauten nun für einige Zeit ab. Mehrere Jahre lang herrschte in Livland und Estland die Situation, dass die östlichen Städte und Festungen (Dorpat, Narwa) von den russischen Truppen erobert waren, während die westlichen (Reval, Pernau, Arensburg/Kuressaare) weiterhin unter schwedischer Herrschaft standen. Einige Zeit lang hielt sich Russland noch an die früheren Vereinbarungen, wonach Livland im Fall des Sieges in den erblichen Besitz des polnischen Königs als sächsischen Kurfürsten übergehen sollte. Nachdem Friedrich August am 13. September 1706 in Altranstädt einen Separatfrieden mit Schweden geschlossen hatte, in dem er unter anderem auf den polnischen Thron verzichtete, erklärte Peter I. jedoch, dass er sich nicht mehr zur Einhaltung der früheren Versprechen verpflichtet sehe.

Obwohl die russische Heeresführung bei der Kapitulation von Dorpat die früheren Privilegien und Freiheiten der Stadt bestätigt hatte, wurden diese Versprechen nicht eingehalten. Sie hatte panische Angst vor Spionage und hegte überall den Verdacht des Verrats. So kam die Kommunikation mit der Welt außerhalb der Stadtmauern zum Erliegen, was neben der Einschränkung der

Bewegungsfreiheit auch den völligen Stillstand des Handels bedeutete. Besonders schwierig wurde die Versorgung mit Lebensmitteln. 1706 wurde Pastor Adrian Virginius, der des Hochverrats angeklagt wurde, von den russischen Behörden hingerichtet, zwei Jahre später wurden die Dorpater Ratsherren Claus Kropp und Abraham Moresin erhängt. In keinem der beiden Fälle konnten die Vorwürfe vor Gericht bewiesen werden.

Im Mai 1707 wurden die schwedischen Offiziere und Soldaten, die sich auf die Versprechen der neuen Behörden verlassen hatten und in Dorpat verblieben waren, zusammen mit Frauen und Kindern, aber auch 50 Handwerker und sechs Kaufleute samt Familien, insgesamt 279 Personen, zwangsweise nach Russland verschickt. Dies war erst der Anfang. Am 18. Februar 1708 wurde mit einer Vorankündigung von sechs Tagen die gesamte Bürgerschaft der Stadt, einschließlich der Kinder, alten Menschen und Kranken, insgesamt 824 Personen, aus Dorpat deportiert. Ihr erstes Ziel war Wologda in Nordrussland, von wo aus ein Teil der Dorpatenser weiter nach Ustjug und Kasan verschleppt wurde. Die Handwerker wurden nach Moskau verbannt.

Nach der Aussiedlung der Bürgerschaft wurden auf Befehl des Zaren in der Stadt alle Gegenstände, unabhängig von ihrem Wert, eingesammelt. Auf Befehl des russischen Kommandanten wurden auch Gräber und Särge geöffnet, um nachzusehen, ob sich bei Leichnamen nicht etwa Gold oder Silber findet. Aus Angst, dass die Schweden die Stadt zurückerobern könnten, begannen die russischen Truppen auf Befehl Peters I. am 12. Juli 1708 mit der völligen Zerstörung der Stadt. Die Stadtmauern wurden gesprengt, die Kirchen und Häuser in Brand gesteckt. Am 17. Juli verließen die letzten Soldaten die dem Erdboden gleichgemachte Stadt, wobei sie zuletzt die Sauna niederbrannten, in der sie gerade den Schmutz und Ruß der brennenden Stadt abgewaschen hatten.

Der schwedische Kriegsplan sah den Einfall in Russland, die Einnahme Moskaus und danach das Diktat der Friedensbedingungen vor. Diese Pläne wurden am 27. Juni 1709 vereitelt, als die Schweden bei Poltawa eine vernichtende Niederlage erlitten. Damit hatten die russischen Truppen freie Hand, die Eroberung der schwedischen Ostseeprovinzen zu Ende zu führen. Am 4. Juli 1710 kapitulierte Riga, womit das Schicksal ganz Livlands entschieden war. Die Fähigkeit der verbliebenen schwedischen Garnisonen, Widerstand zu leisten, wurde durch die Pest und die Tatsache, dass die aus Schweden erwartete Hilfe ausblieb, gelähmt. Am 29. September 1710 kapitulierte als letzte größere Stadt Reval. Die von der Pest befallenen schwedischen Truppen segelten mit Schiffen nach Helsingfors/Helsinki. Die schwedische Zeit in den Ostseeprovinzen war de facto beendet. Damit endeten auch militärische Handlungen in Livland und Estland.

Es dauerte weitere zehn Jahre, bis ein Friedensvertrag geschlossen werden konnte. Mit dem am 30. August 1721 geschlossenen Frieden von Nystad/Uusikaupunki wurde ganz Estland, Livland und Ingermanland für fast zwei Jahrhunderte dem russischen Staat einverleibt.

Unter den Flügeln des russischen Adlers im 18. Jahrhundert

Herrschaft und Verwaltung

Obgleich Schweden und Russland hinsichtlich ihrer Geschichte, Kultur, gesellschaftlichen und politischen Ordnung recht unterschiedliche Welten waren, führte der Machtwechsel in Livland und Estland nicht zu einem so einschneidenden Umbruch, wie man auf den ersten Blick annehmen könnte. Die bisherige Gesellschaftsordnung und die Machtstrukturen wurden beibehalten. Die in der schwedischen Zeit erlassenen Gesetze regelten noch jahrzehntelang verschiedene Lebensbereiche, sodass man im 18. Jahrhundert von einer Fortsetzung der „langen schwedischen Zeit" im Bestand des russischen Imperiums sprechen kann.

Mit der Eroberung des Livlands und Estlands hatte Russland nicht nur „das Fenster nach Europa aufgestoßen", sondern auch ein Stück Europa in seinen Besitz gebracht. Die neuen Ostseeprovinzen spielten bei der im 18. Jahrhundert begonnenen Verwestlichung Russlands eine wichtige Rolle: gute Verkehrsverbindungen, Regierungsstrukturen, an denen sich Russland bei seiner Modernisierung ein Beispiel nahm, die Deutschbalten, die an der Durchführung der geplanten Umgestaltungen beteiligt werden konnten. Livland und Estland wurden zu einem Nährboden für die Reformen des Russländischen Reichs. Daher lag es damals nicht in dessen Interesse, die neuen Gebiete so schnell wie möglich zu russifizieren, sondern im Gegenteil, den Status quo zu erhalten und die Loyalität des Adels und der Stadtbürger gegenüber der neuen Herrschaft zu sichern.

Selbst nach der Einnahme des gesamten heutigen Estlands im Jahre 1710 konnten sich die Russen noch nicht sicher sein, dass sie das eroberte Gebiet auch nach Kriegsende behalten würden. Wie man weiß, dauerte der Krieg noch etwa zehn Jahre, bis ein Friedensvertrag geschlossen werden konnte. Da die Russen daran zweifelten, ob sie die Provinz Livland in Gänze erobern können, trennten sie 1713 die Stadt und den Kreis Dorpat vom livländischen Gouvernement ab und bildeten daraus eine eigenständige Verwaltungseinheit. Nachdem der Friedensvertrag von 1721 ganz Livland und Estland dem Russländischen Reich zusprach, wurde der Kreis Dorpat wieder Livland angeschlossen.

Ähnlich wie in der schwedischen Zeit blieb Dorpat auch im 18. Jahrhundert nach Riga die zweitgrößte und zweitwichtigste Stadt des livländischen Gouvernements. Der höchste Staatsbeamte vor Ort war der Statthalter, dessen Machtbereich sich auf den gesamten estnisch besiedelten Teil Livlands mit Ausnahme von Ösel erstreckte. Zu den Dorpater Kronbeamten gehörten der Kämmerer, die Rentmeister und die Akziseinspektoren, die für die Einziehung der Steuern verantwortlich waren und den Kronbesitz, darunter auch die verpachteten Krongüter, überwachten.

Als die aus Dorpat nach Russland deportierten Bürger 1714 das Recht erhielten, in die Stadt zurückzukehren, setzte auch der Rat seine Tätigkeit fort, wenn auch zunächst in viel geringerer Besetzung. Im Jahre 1719 bestand die ganze Dorpater Stadtverwaltung aus dem Bürgermeister und einem Ratsherren, in dessen Wohnung die Sitzungen stattfanden. In den folgenden Jahrzehnten erhöhte sich die Zahl der Ratsherren auf sechs, die durch den Justizbürgermeister, der den Rat als Gerichtsbehörde leitete, und den Polizeibürgermeister, der sich um Verwaltungsangelegenheiten der Stadt kümmerte, ergänzt wurden. Die Organisation der Stadtverwaltung unterschied sich nicht wesentlich von derjenigen der schwedischen Zeit. An der Spitze der Stadtbürger standen die Ratsherren, denen die in der Großen Gilde zusammengeschlossenen Kaufleute und die „Literaten" (so hießen im baltischen Deutsch die akademisch Gebildeten) und danach die der Kleinen Gilde angehörenden Handwerker folgten. Die städtischen Einnahmen stammten aus verschiedenen Steuern, aus der Pacht für Stadtgüter, verschiedenen Sammlungen und Bußgeldern. Mit diesen Summen mussten die Kirchen und Schulen, die im städtischen Besitz befindlichen Befestigungsanlagen, Gebäude, Straßen und Brücken instand gehalten sowie Stadtbeamte und -bedienstete besoldet werden.

Obwohl das Stadtgesetz die Wahl von Verwandten zu Ratsmitgliedern untersagte, wurde dies bei Weitem nicht eingehalten. Der Korporatismus der Ratsmitglieder und häufige Korruptionsfälle verschärften die Beziehungen zwischen dem Rat und den Stadtbürgern. Fünfunddreißig Jahre lang führte man einen Prozess wegen einer im Rathaus eingerichteten Fleischerei. Selbst das Justizkollegium für livländische und estländische Angelegenheiten in St. Petersburg – die höchste Justizinstanz, die für die russländischen Ostseeprovinzen zuständig war – konnte keine für die Dorpater Bewohner zufriedenstellende Lösung finden. Der Streit konnte erst beigelegt werden, als die Fleischerei 1775 zusammen mit dem Rathaus niederbrannte. Anlässlich des Besuchs der Kaiserin Katharina II. im Sommer 1764 fertigten die Stadtbürger, die dem Rat nicht gerade wohlgesonnen waren, für den Empfang der Kaiserin ein großes Plakat mit einer Zeichnung, auf der miteinander raufende Ratsherren, die den Stadtbürgern Schläge versetzten, abgebildet waren. In einem beigefügten Gedicht klagte man über die Willkür des Rates gegenüber den Bürgern und ersuchte die aufgeklärte Herrscherin um Hilfe bei der Wiederherstellung von Recht und Ordnung in der Stadt. Da es untersagt war, der Kaiserin während ihrer Rundfahrt gleich welche Bittschriften und Petitionen einzureichen, nahm der Rat den Oppositionsführer, Maurermeister Georg Melk in Haft. Er wurde erst auf persönliche Intervention Katharinas freigelassen.

Abb. 5: „Illumination in Dorpat Ao 1764 bey dem … Ihro Kayserl. Majestaet Catharina II." aus der „Sammlung verschiedener Liefländischer Monumente, Prospecte, Wapen etc." von Johann Christoph Brotze, Bd. 3, Nr. 107.

Zur Beilegung der in Dorpat zustande gekommenen Konfrontation wurde eine staatliche Kommission gebildet, die 1765 eine neue Verwaltungsordnung für Dorpat, den „Bürgervergleich" erließ, der unter anderem vorsah, dass neben den bisher vorherrschenden Kaufleuten auch mehr Literaten an der Stadtverwaltung beteiligt werden sollten.

Erst mit der Thronbesteigung Katharinas II. (1762–1796) wurden Livland und Estland enger an das Russländische Reich angeschlossen. Bis dahin ließen sich die russländischen Herrscher bei ihren Entscheidungen über die Ostseeprovinzen vom folgenden Wortlaut leiten: „Es soll so bleiben, wie es in der schwedischen Zeit war". Katharina II. aber ließ sich vom Grundsatz der

Einheit und Integration des Imperiums leiten und war gewillt, alle mit Privilegien und Sonderrechten ausgestatteten Regionen enger als bisher an den Staat zu binden.

Im Jahre 1767 berief Katharina II. eine pompöse Kommission nach Moskau, die mit der Verabschiedung eines neuen, von der Kaiserin selbst verfassten Gesetzbuches betraut wurde. Die in die alte Hauptstadt eingeladenen Vertreter der Ostseeprovinzen taten dies mit offenkundigem Widerwillen, da das neue Gesetzbuch die bisherigen Rechte und Privilegien abzuschaffen drohte. Unter anderem hatten alle Städte mit mehr als 50 Häusern die Pflicht, Vertreter zu entsenden. Eine solche Definition der Stadt war darauf zurückzuführen, dass es in den russländischen Binnengouvernements keine Stadtrechte gab. Die Dorpater ernannten den Stadtsyndikus Friedrich Konrad Gadebusch (1719– 1788) zum Gesandten, der ungeachtet dessen, dass er kein Wort Russisch konnte, die Reise nach Moskau antreten musste. Gadebusch – auf der Insel Rügen geboren – hatte an der Universität Greifswald Rechtswissenschaft studiert, war als Hauslehrer nach Livland gekommen und hatte anschließend in Dorpat eine Reihe von richterlichen und kommunalen Ämtern bekleidet. Die Mitgliedschaft in der Gesetzgebenden Kommission steigerte Gadebuschs Ansehen, in den Jahren 1771–1783 fungierte er als Justizbürgermeister von Dorpat und verfasste die erste biografische Enzyklopädie der Ostseeprovinzen, die *Livländische Bibliothek* (1777), sowie die umfassende neunbändige Darstellung der livländischen und estländischen Geschichte, *Livländische Jahrbücher* (1780–1783). Die Zeitgenossen beschrieben ihn als einen absolut ehrlichen und gerechten Stadtbeamten, der auch ein sehr präziser und sorgfältiger Historiker war.

Die Verabschiedung eines neuen Gesetzbuches in Russland scheiterte. Die Schriften Katharinas II., die sich weitgehend auf die Ideen Montesquieus stützten, waren zu radikal und für die rückständigen Verhältnisse des Reiches nicht angemessen. Dies rettete die Ostseeprovinzen nicht vor anstehenden Umgestaltungen. Im Jahre 1783 wurde die acht Jahre zuvor verabschiedete und im ganzen Land eingeführte neue Gouvernementsverfassung auch auf Livland und Estland ausgedehnt. In den Ostseeprovinzen wurde die gleiche Verwaltungsordnung eingeführt wie in anderen Teilen des Russländischen Reichs. In Riga wurde ein gemeinsamer Statthalter, der die beiden Gouvernements verwaltete, ins Amt eingesetzt, weshalb diese Periode auch als Statthalterschaft oder Statthalterschaftszeit bezeichnet wird.

Nunmehr erhielten alle freien Stadtbewohner in Dorpat wie auch in allen anderen Städten der russländischen Ostseeprovinzen das Bürgerrecht. Der Rat büßte seine bisherige dominante Stellung in der Verwaltung der Stadt ein. Der Magistrat fungierte auch weiterhin als Gerichtsbehörde, aber die Verwaltungsgewalt wurde der von den Bürgern gewählten Stadtduma übertragen, die alle Vermögensschichten der Stadtgemeinde vertrat und die aus ihren Mitgliedern zusammengesetzte Stadtverwaltung unter dem Vorsitz des Bürgermeisters einsetzte. Der Kreis der an der Verwaltung der Stadt beteiligten Personen wurde erheblich erweitert. Dies galt insbesondere für die Handwerksmeister, die bisher nie zu Ratsmitgliedern gewählt worden waren, nun aber Mitglieder der Stadtverwaltung wurden. Wie auch zuvor, setzte sich der Rat auch jetzt aus Deutschen zusammen. Dass Esten und Russen an der Stadtverwaltung beteiligt würden, war zu jener Zeit nicht vorstellbar. Die polizeilichen Angelegenheiten wurden der städtischen Selbstverwaltung entzogen und von den staatlichen Behörden übernommen, die einen Polizeimeister (russ. *gorodnitsch*) einsetzten. Letzterer war für die Gesundheitsfürsorge, den Brandschutz, die Instandhaltung von Wegen und Straßen, die Verwaltung von Krongebäuden sowie für die Richtigkeit der Maße und Gewichte verantwortlich. Dies beschränkte erheblich die Machtfülle des Bürgermeisters wie auch der Stadtverwaltung und führte zur Rivalität zwischen beiden Machtstrukturen. Der Kreis der an der Macht Beteiligten wurde durch die neue Stadtordnung zwar erweitert, die Machtbefugnisse der Selbstverwaltung selbst wurden aber erheblich beschnitten und einer stärkeren staatlichen Kontrolle unterstellt, wodurch die ehemals autonome Kommunalverwaltung ein Anhängsel der Staatsmacht wurde. Die aus dem Mittelalter stammende Verwaltungsordnung der Städte war zweifelsohne reformbedürftig, ob diese Art der Reform die richtige war, wäre kritisch zu hinterfragen.

Die Reformen Katharinas II. in Livland und Estland vermochten die Kaiserin nicht zu überleben. Nach ihrem Tod stellte ihr Sohn Paul I. die vormals in den Ostseeprovinzen herrschende Ordnung wieder her und auch im 19. Jahrhundert nahm das Leben in Livland und Estland einen anderen Weg als in den russländischen Binnengouvernements.

Wie Phönix aus der Asche

Als die deportierten Dorpater 1714 in ihre Heimatstadt zurückkehren durften, wurden die Zurückkehrenden vom Narwaer Kommandanten angehalten, der ihnen dringend davon abriet, nach Dorpat zu gehen, da „auf den Brandstellen der Stadt nur Raubtiere und Würmer hausen". Der Dorpater Pastor Johann Heinrich Grotjahn, der dennoch nach Dorpat zu gelangen vermochte, musste dem Kommandanten recht geben. Die Stadt gab es nicht mehr.

Für mehrere Jahrzehnte blieb Dorpat ein Ruinenfeld. Noch um die Mitte des 18. Jahrhunderts wurde festgestellt, dass sich das Stadtzentrum in einem erbärmlichen Zustand befand und man wegen der Ruinen überall einen großen Umweg machen musste. Über der von den Russen zerstörten Unterstadt erhob sich der Domberg: Auf der einen Seite, die damals Schlossberg genannt wurde, standen die Überreste der ehemaligen Bischofsburg, auf der anderen Seite, auf dem Domberg, die Überreste des Doms und der einstigen Domherrenhäuser. Von den Kirchen in der Unterstadt wurde die Johanniskirche bis Anfang der 1740er-Jahre wiederhergestellt und von der deutschen wie auch der estnischen Gemeinde genutzt. Die Marienkirche blieb jedoch eine Ruine und an ihrer Stelle wurde das Hauptgebäude der Anfang des 19. Jahrhunderts wiedereröffneten Universität errichtet. Die Stadt erweiterte sich außerhalb des Stadtzentrums, hauptsächlich entlang des rechten Ufers des Embachs, wobei sie in den durch das Flusstal bestimmten Grenzen blieb. Lange Zeit dominierten in der Stadt mit Strohdach gedeckte Holzhäuser, die oft nicht einmal einen Schornstein hatten. Im Jahre 1735 wurden in der Stadt nur insgesamt acht Steinhäuser gezählt.

Esten und Deutsche waren in der Bevölkerung von Dorpat fast gleich stark vertreten. Die Deutschen bildeten die soziale Oberschicht der Stadt. Die deutsche Stadtbevölkerung vergrößerte sich im 18. Jahrhundert erheblich durch Einwanderung von Handwerkern und Kleinhändlern. Die Esten, denen es schon in der schwedischen Zeit äußerst schwerfiel, in den Bürgerstand aufgenommen zu werden, wurden im 18. Jahrhundert nicht mehr unter die Dorpater Stadtbürger aufgenommen und bildeten zwangsläufig die städtische Unterschicht. Die dritte Nationalität in Dorpat waren die Russen, die rund zehn Prozent der Stadtbevölkerung ausgemacht haben dürften, was beträchtlich mehr als in anderen Städten Livlands und Estlands war. Hier waren zahlreiche Militärangehörige ständig einquartiert, hier traf man auf russische Hausierer und Handwerker, von denen ein großer Teil ursprünglich Bauern aus den Binnengouvernements waren. Auch die Russen gehörten überwiegend der Unterschicht an, die ihren Lebensunterhalt hauptsächlich mit dem Fischfang verdiente. Der Literat Johann Christoph Petri sagte über die Russen: Auch wenn man sie im Moment nicht sähe, so höre man sie doch zu jeder Zeit in allen Straßen und Gassen in Kneipen singen und wie wilde Tiere brüllen.

Wie früher schloss sich die Bürgerschaft auch im 18. Jahrhundert in den Gilden zusammen: verheiratete Kaufleute gehörten zur Großen bzw. Mariengilde und Unverheiratete zur Schwarzenhäuptergilde, die Handwerksmeister zur Kleinen bzw. Antoniusgilde. Im Jahre 1791 wurde in Dorpat die sogenannte „Bürgermusse" als Treffpunkt der Bürgerschaft gegründet. Der Dorpater Handel, der bereits in der schwedischen Zeit zusammengebrochen war, erreichte auch in der russischen Zeit nicht mehr seine mittelalterliche Blüte. Die Rangfolge der livländischen Handelsstädte wurde anschaulich charakterisiert durch die für den Staat erhobenen Zölle und Verbrauchssteuern, wovon 96,9 % aus Riga, 2,8 % aus Pernau und nur 0,3 % aus Dorpat eingingen.

Im Dorpater Handel spielten weiterhin die Jahrmärkte eine wichtige Rolle. Der am Dreikönigstag begonnene Marien- bzw. deutsche Markt wurde der größte Jahrmarkt auf dem Gebiet des heutigen Estland. Er zog Kaufleute aus Riga und Reval, aber auch aus dem Ausland und den russländischen Binnengouvernements an. Wandernde Schauspielertruppen und Musiker planten ihre Aufführungen und Konzerte in Dorpat für diese Zeit. Auf dem Petersmarkt (ab 29. Juni) handelte man hauptsächlich mit gesalzenem und getrocknetem Fisch, den russische Fischer mitbrachten, auf dem kleinen Marienmarkt (ab 8. September) mit Heu und Getreide, während auf dem Michaelismarkt (ab 29. September) außer Getreide auch Vieh und Pferde feilgeboten wurden. Neben den Jahrmärkten wurde in Dorpat an jedem Werktag Markt abgehalten.

Der spätere Architekt und Professor an der Dorpater Universität Johann Wilhelm Krause beschreibt die damaligen Handelsbräuche wie folgt:

> Handwerker, Bauern mit Karawanen von Flachs, Hanf, Getreide sah man überall und sehr behende Burschen um sie herum; die Art zu handeln war mir ebenso neu als merkwürdig. Wohl gekleidete Deutschen attaquirten den Bauern auf der Straße, herzten und küßten ihn […] dann befühlten sie die Fracht, rumorten in den Sachen und redeten. Der Bauer kratzte sich hinter

den Ohren, […] lachte und trieb sein Pferd weiter […] Jener nahm ihm die Mütze, sprang in die Bude und präsentirte ihm, eine ungeheuere Flasche Branntwein im Arme, ein volles Glas […] Der Bauer empfing wie ein Herr, ohne die sonst bei jeder Kleinigkeit zu Tage tretende, sich wegwerfende Dankbarkeit zu zeigen, und genoß mit Muße. Nun ging es an die Wage […] Ich stand von ferne, bemerkte aber wohl, daß die Knaben zu Galgenstrichen bei Maß und Gewicht erzogen wurden. Daher der große Gewinn […] Nun führte man den Bauern in die Bude, wo er Salz, Eisen, Tabakblätter u.s.w. kaufte; dabei zeigte sich die nähmliche Gewandtheit im Wiegen und Messen. Ein Glasperlenschnur, ein paar Heringe oder Strömlinge für die Frau, ein paar Ellen rothes Band fürs Töchterchen folgten als großmüthiges Geschenk.

Gegen Ende des Jahrhunderts war die Zahl der Kaufleute in Dorpat auf etwa hundert angestiegen und die Zahl der Handwerksmeister war ebenso hoch. Wie in anderen Städten waren auch in Dorpat Schneider und Schuster am zahlreichsten vertreten, daneben Maurer und Tischler, die in der im Aufbau befindlichen Stadt immer Arbeit fanden. Größere Industrieunternehmen und Manufakturen wurden in Dorpat im 18. Jahrhundert nicht gegründet. Der Embach war zu breit und hatte eine zu geringe Strömung, um seine Wasserkraft für den Einsatz der damaligen Technik zu nutzen.

Eine wichtige Rolle im Dorpater Handelsleben des 18. Jahrhunderts nahmen russische Kaufleute ein. Obwohl ihre Tätigkeit in den Städten durch Gesetze eingeschränkt war, hielten sich die Russen nicht daran. Da die von den russischen Kaufleuten angebotenen Waren bedeutend billiger waren als die der einheimischen Kaufleute, gab es genug Käufer. Zur Stammkundschaft der russischen Kaufleute gehörte eine große Zahl an Militärangehörigen, die sich bei dem niedrigen Preis auch mit Waren von geringerer Qualität zufriedengaben.

In der zweiten Hälfte des 18. Jahrhunderts begann sich das äußere Erscheinungsbild der Stadt zu verbessern. Die Armut der Nachkriegszeit war überwunden und auf den Trümmern der Innenstadt wurden neue Gebäude errichtet. In den 1760er-Jahren wurden in Dorpat unter der Leitung des Generalfeldzeugmeisters Alexander de Villebois umfangreiche Befestigungsarbeiten in Angriff genommen, in deren Verlauf sowohl die Ruinen der Bischofsburg als auch der obere Teil der Türme des Doms abgerissen wurden. Im Verlauf dieser Arbeiten wurde unter anderem auch der imposante Pulverkeller, der heute als Restaurant dient, fertiggestellt. Bis zur Errichtung der Universitätsgebäude und Anlage des Parks zu Beginn des 19. Jahrhunderts blieb der Domberg unbebaut. Die Stadtbewohner brachten ihren Müll dorthin.

Im 18. Jahrhundert wurde Dorpat in seiner Entwicklung durch mehrere verheerende Brände stark zurückgeworfen. Am 15. Mai 1755 brannte die südliche Vorstadt nieder. Ein noch größeres Feuer brach am 25. Juli 1775 aus, das genau jenen Teil der Innenstadt, der gerade erst wiederaufgebaut worden war, zerstörte. Der Feuersbrunst fielen nahezu 300 Häuser samt Nebengebäuden zum Opfer und acht Menschen kamen ums Leben. Die kurz zuvor fertiggestellte Holzbrücke über den Embach wurde ebenfalls zerstört. Die Ausbreitung des Feuers wurde durch die lang anhaltende Dürre und einen starken Sturm beschleunigt. Es war das größte Schadenfeuer, das das Gebiet des heutigen Estland in Friedenszeiten heimsuchte. Im Stadtzentrum blieb nur die Bebauung zwischen dem künftigen Hauptgebäude der Universität und dem Jakobsberg vom Feuer verschont. Mithilfe eines zinslosen staatlichen Darlehens mit einer Laufzeit von zehn Jahren über 100.000 Rubel konnte die Stadt erneut aufgebaut werden. Darüber hinaus wurden der Stadt auf Anordnung Katharinas II. 6000 Rubel für den Bau einer Steinbrücke gespendet. Das bisherige mittelalterliche Straßennetz wurde nun durch ein neues ersetzt, das heute noch erkennbar ist. Die Überreste der mittelalterlichen Stadtmauer wurden endgültig abgerissen. Im Jahre

1784 wurde eine aus Granitblöcken gebaute massive Steinbrücke fertiggestellt, die bis zu ihrer Zerstörung im Zweiten Weltkrieg eines der Wahrzeichen der Stadt war. Zwei Jahre später (1786) wurde das vom aus Rostock gebürtigen Stadtbaumeister Heinrich Walter entworfene neue Rathaus feierlich eingeweiht. Das Erscheinungsbild der Dorpater Bebauung wurde durch den damals vorherrschenden klassizistischen Stil geprägt. So entstand neben der gotischen Perle Reval und dem im Stil des nordischen Barocks erbauten Narwa das klassizistische Dorpat, das nach der bis heute populären Strophe eines Liedes „die schönste Stadt in Estland" ist. Während die Gotik in Reval den Zweiten Weltkrieg mit relativ geringen Verlusten überstand, so wurde der Barock in Narwa vollständig zerstört, während von den in der Vorkriegszeit vorhandenen klassizistischen Gebäuden in Dorpat etwa die Hälfte erhalten blieb.

Bis zum Ende des 18. Jahrhunderts stieg die Dorpater Einwohnerzahl auf 3500 an, wodurch es sowohl Narwa als auch Pernau übertraf. Damit nahm Dorpat hinsichtlich seiner Einwohnerzahl unter den Städten des heutigen Estland wieder den zweiten Platz ein und diese Position hat es bis heute beibehalten.

Stadt an der kaiserlichen Poststraße

Durch den Anschluss Livlands und Estlands an Russland wurden die kulturellen Kontakte mit Westeuropa nicht geschwächt. Da Russland im 18. Jahrhundert so gut wie keinen kulturellen Einfluss auf die neuen Provinzen ausübte, verstärkten sich die Kontakte mit dem deutschen Kulturraum, wobei die in den Ostseeprovinzen gesprochene deutsche Sprache und der vorherrschende lutherische Glauben eine wichtige Rolle spielen. Während Livland und Estland im 17. Jahrhundert wegen der Nachbarschaft zum von Europa isolierten Russland an der Peripherie der Manifestationen des westlichen geistigen Lebens geblieben waren, so belebte die im 18. Jahrhundert eingesetzte Europäisierung Russlands auch deren geistiges Leben, indem die Ostseeprovinzen zu einer kulturellen Brücke zwischen Mittel- und Westeuropa und dem sich erneuernden Russland wurden. Während sich die schwedischen Behörden gegenüber den innerhalb des Protestantismus verbreiteten religiösen Strömungen unerbittlich intolerant gezeigt hatten, so interessierten sich die russischen Behörden nicht für die internen Probleme der Protestanten. Diese versöhnliche Haltung wurde zwar aufgegeben, sobald die orthodoxe und die lutherische Kirche miteinander in Konkurrenz traten, aber solche Situationen kamen im 18. Jahrhundert sehr selten vor. Obgleich der Friedensvertrag von Nystad die freie und ungehinderte Verbreitung des griechisch-orthodoxen Glaubens in den Ostseeprovinzen forderte, blieb der Einfluss der orthodoxen Kirche im 18. Jahrhundert recht gering. Vor Ort war nur der niedere Klerus vertreten, bei dem es sich um Autodidakten ohne jegliche Bildung handelte, denen im gesellschaftlichen Leben keine Rolle zukam. Auch die lokale Bevölkerung war gegenüber den orthodoxen Geistlichen nicht allzu wohlwollend eingestellt und nutzte jede Gelegenheit, sie zu verspotten.

Der Nordische Krieg und die Pest hatten in Livland und Estland auch die meisten Gebildeten das Leben gekostet. So boten die Ostseeprovinzen den Alumni der protestantischen Universitäten der deutschen Länder gute berufliche Chancen. Die Reise in eine relativ abgelegene nördliche Provinz war der Mühe wert. Günstige Verdienstmöglichkeiten, das deutschsprachige Umfeld und eine gute Verkehrsverbindung brachten zahlreiche Absolventen deutscher Universitäten ins Baltikum. Viele von denen, die zunächst nur für ein paar Jahre kommen wollten, um sich umzuhören, verbanden den ganzen Rest ihres Lebens mit diesem Land. Die Einstellung der Deutschen zum Baltikum charakterisierte der bereits im Mittelalter eingebürgerte Spruch „Livland – Blivland": Ein Land, wohin man kommt und wo man bleibt. Die von ihnen mitgebrachten neuen religiösen Strömungen – zunächst der Pietismus und die damit verbundene Herrnhuter Brüdergemeine, die in der zweiten Hälfte des Jahrhunderts durch die Aufklärungsideen abgelöst wurden – gewannen in Livland und Estland schnell an Boden.

Zu den Pietisten gehörte auch der Pastor der Johannisgemeinde in Dorpat, der aus Pommern gebürtige und bereits seit seiner Jugend in Livland ansässige Christian David Lenz (1720–1798), der in den Jahren 1779–1798 als Generalsuperintendent von Livland amtierte. Zu diesem Zeitpunkt hatte die Aufklärungsbewegung in der Region bereits Fuß gefasst, und Lenzens pietistische Ermahnungen wurden als zu altmodisch angesehen. In einem Hirtenbrief von 1780 beklagte Lenz, dass sich die Pastoren „wegen des gekreuzigten Christus schämen" und sich in den Haushaltssorgen verlieren, indem sie eher Landwirte als Seelsorger seien. Für einen Pietisten war es inakzeptabel, dass Pastoren ihre Zeit auf der Tanzfläche und am Kartentisch verbringen, auf die Jagd gehen sowie „amüsante und skurrile Romane" lesen, sodass sie sogar auf der Kanzel von ihrem Stil Gebrauch machen.

Die Stadt Dorpat lag an der wichtigsten Poststraße des russländischen Imperiums, die von St. Petersburg über Riga nach Königsberg und von dort weiter nach Mitteleuropa führte. Dorpat wurde so für viele Reisende zum Zwischenaufenthalt. Hier bekam man bereits eine Vorstellung vom Russländischen Reich, dem russischen Geld und der russischen Sprache, blieb aber weiterhin im vertrauten europäischen Kulturraum. Die berühmteste Persönlichkeit, die im 18. Jahrhundert in der Stadt empfangen wurde, war die Kaiserin Katharina II., die im Juli 1764 einen Zwischenstopp während ihrer Rundfahrt durch das Baltikum machte. In Dorpat interessierte sich Katharina insbesondere für die auf dem Domberg in Angriff genommenen Befestigungsarbeiten. Eigentlich hielt sie sich bereits zum zweiten Mal in Dorpat auf: Auch ihre Reise als 14-jähriges Mädchen von Deutschland nach St. Petersburg im Winter 1744 verlief durch Dorpat. Es sei jedoch angemerkt, dass die Ostseeprovinzen bei den Reisenden einen weitaus sichereren und sympathischeren Eindruck machten, als dies in den in Hollywood gedrehten Filmen über das Russland des 18. Jahrhunderts der Fall ist, wo man, sobald der Schlitten unter dem Schlagbaum an der russischen Grenze hindurchgerast ist, mit dem endlosen Schneegestöber, armseligen Hütten und ringsum heulenden Wölfen konfrontiert wird. Bis zu den „sarmatischen Ebenen" war es vom Baltikum sowohl in geografischer als auch in mentaler Hinsicht noch ein weiter Weg.

Das Licht der Aufklärung

Als Trägerin des geistigen Lebens in Livland und Estland behielt die lutherische Kirche bis zum Ende des 18. Jahrhunderts eine wichtige Rolle bei. Paradoxerweise wurde die Säkularisation des geistigen Lebens nicht nur in den Ostseeprovinzen, sondern im gesamten damaligen protestantischen Kulturraum von den Geistlichen selbst in ihrer Eigenschaft als Träger der Aufklärungsideen vorangetrieben. Gerade die Pastoren waren Anhänger der modernen Ideen und da die überwältigende Mehrheit von ihnen eingewandert war, bildeten sie ein Gegengewicht zum Konservatismus des alteingesessenen deutschbaltischen Adels.

Es ist bemerkenswert, dass die im Raum des heutigen Estland tätigen prominentesten Aufklärer mit der nächsten Umgebung Dorpats verbunden waren. Johann Georg Eisen (1717–1779), Pastor in Torma, stammte aus Mittelfranken, hatte an der Universität Jena studiert und war „für einige Jahre" nach Livland gekommen. Sowohl der Vergleich der vorgefundenen Verhältnisse mit seinem Heimatland wie auch sein kühles Verhältnis zu Gutsbesitzern veranlassten Eisen zur Kritik an den Agrarverhältnissen in Livland. In den 1760er-Jahren beteiligte sich Eisen auf Einladung zunächst Peters III. und danach Katharinas II. an landwirtschaftlichen Reformen, mit einem weiter gesteckten Ziel, nämlich Lösungswege zur Aufhebung der Leibeigenschaft zu finden.

Die im Jahre 1764 in St. Petersburg erschienene Abhandlung aus der Feder von Eisen unter dem Titel *Eines Liefländischen Patrioten Beschreibung der Leibeigenschaft, wie solche in Liefland über die Bauern eingeführt ist* beruhte mehr auf wirtschaftlichen als auf ethischen Argumenten. Eisen machte die damalige Wirtschaftsordnung dafür verantwortlich, dass die Bauern nicht im geringsten Maße zu unternehmerischem Handeln ermutigt werden:

> Nichts ist sorgloser, als ein Liefländischer Bauer [...] Stirbt ihm das Vieh, wie bey der herrschenden Vieh-Seuche an vielen Orten geschehen ist: so ist er selbst nicht im Stande, sich anderes anzuschaffen; der Herr muß es ihm geben. Ist ein Mißwachs: so muß ihn der Herr bis zur folgenden Erndte ernähren. Er muß ihm die neue Einsaat geben. Er rechnet solche dem Bauern an, und machet sich für den Vorschuß bey einer gesegneten Erndte bezahlt. Diese Erndte aber muß bloß des Himmels Güte, ohne Beyhülfe des Bauern, erwartet werden. Wenn der Bauer seinem Herr auch noch so viel schuldig ist, so macht ihn solches dennoch nicht sorgfältiger, noch fleißiger. So viel Getreide, als er zu seinem Unterhalte gebraucht, wächset ihn ohne viele Mühe. Hat er nichts übrig, so darf er auch nichts bezahlen.

Eisen ermunterte die Bauern zum Anbau von Gartenerzeugnissen, deren Aufkauf und Verkauf in St. Petersburg auch dem Pastor selbst zusätzliche Einnahmen einbrachte. Später entwickelte Eisen ein spezielles Verfahren zur Trocknung von Wurzelgemüse, indem er im heutigen Sinne Lebensmittelkonzentrate herstellte, die im ganzen damaligen Europa große Beachtung fanden. Die im Jahre 1773 erstellte Anleitung zur Trocknung von Pflanzen und Wurzelgemüse erschien in sechs Sprachen und brachte Eisen große Anerkennung ein. Die nach dem Verfahren von Eisen zubereiteten Gemüsekonzentrate wurden in der Weißmeerflotte zur Behebung des Vitaminmangels verwendet. Im ganzen Land erregte Eisens Tätigkeit bei der Pockenimpfung Aufmerksamkeit.

Der namhafteste Literat in Livland im Aufklärungszeitalter war wohl der Pastor in Oberpahlen/Põltsamaa August Wilhelm Hupel. Er stammte aus Thüringen, hatte ebenfalls an der Universität Jena studiert und war aus Abenteuerlust nach Livland gekommen. Hupels Literatentätigkeit wurde durch seine hervorragenden Sprachkenntnisse begünstigt. Er konnte in französischer, italienischer und englischer Sprache lesen, erlernte in kurzer Zeit Estnisch und war einigermaßen auch der russischen und lettischen Sprache kundig. In den Jahren 1774–1782 veröffentlichte Hupel eine umfassende dreibändige Studie unter dem Titel *Topographische Nachrichten von Lief- und Estland*, die eine genaue und detaillierte Übersicht über die Verwaltung, Bevölkerung, Ständeordnung, Volksbräuche, Geografie, Flora und Fauna der Ostseeprovinzen lieferte. Um Informationen einzuholen, wandte sich Hupel an die Pastoren, Hauslehrer und bekannte Adlige, die ihm bei der Materialsammlung sehr behilflich waren. Es sind 89 dieser Mitarbeiter Hupels namentlich bekannt. Den so eingeschlagenen Weg setzte Hupel mit der 28-bändigen Sammlung *Nordische Miscellaneen* (1781–1791) fort, der noch eine 18-bändige neue Folge (1792–1798) folgte. Hupels aufklärerische Serie war hinsichtlich der Ausführlichkeit und des Umfangs in der damaligen deutschbaltischen Publizistik unvergleichlich. Mit der für Hupel charakteristischen Präzision und Gründlichkeit wurden hier die verschiedensten Themen abgehandelt, angefangen mit politischen Tagesfragen bis hin zu Exkursen über den nationalen Charakter und Verhaltensweisen der Esten und Letten, wie etwa ein recht einmaliger Artikel aus der Feder eines Pastors *Ueber den Werth der Jungfrauschaft unter Ehsten und Letten*.

1789 erhielt Dorpat zum ersten Mal eine eigene Zeitung – *Dörptsche Zeitung* –, die zweimal wöchentlich in der Druckerei des Zeitungsverlegers Michael Gerhard Grenzius gedruckt wurde. Damit wurde Dorpat nach Riga und Reval die dritte Stadt in den Ostseeprovinzen, in der eine Zeitung herausgegeben wurde. Den Sturm auf die Bastille in Paris meldete die *Dörptsche Zei-*

tung in der Ausgabe vom 29. Juli, mit Rücksicht auf die Kalenderdifferenz also 26 Tage später, was uns eine Vorstellung von der Geschwindigkeit der damaligen Kommunikation liefert. Die Nachrichten von der Französischen Revolution wurden als spannende Fortsetzungen gelesen.

Im deutschsprachigen Kulturraum nahmen die Ostseeprovinzen einen recht bescheidenen Platz ein, und dies nicht nur wegen ihrer geografischen Entfernung zu den deutschen Ländern. In Livland und Estland fehlten zwei Faktoren, die die deutsche Kultur des 18. Jahrhunderts maßgeblich prägten – eine Residenz und die Universität. Dadurch nahm das Baltikum zwangsläufig die Rolle einer Kulturprovinz ein. Obwohl die russländischen Behörden bei der Unterzeichnung der Kapitulationen versprochen hatten, die Universität unverzüglich wiederherzustellen, konnte dies aus verschiedenen Gründen – nicht zuletzt aus Geldmangel – nicht verwirklicht werden.

Die Möglichkeit einer Wiedereröffnung der Universität wurde nach der Thronbesteigung Katharinas II. ernsthafter auf die Tagesordnung gesetzt. Als Standort wurden sowohl Pernau als auch Dorpat in Erwägung gezogen. Während Pernau als Hafenstadt seine Vorteile hinsichtlich der Aufnahme ausländischer Studenten ins Feld führte und betonte, dass die ehemaligen Universitätsgebäude noch in gutem Zustand seien, setzte Dorpat dagegen auf seine Nähe zu Russland, die es ermöglichen würde, Studenten von dort einzuladen. Was aber die Gebäude betrifft, so verfüge eben Dorpat dank der neulich stattgefundenen Brände über ausreichend Platz für die von der Universität benötigten Gebäude.

Bis zur Wiedereröffnung der Universität beschränkte sich die Dorpater Bildungslandschaft auf eine vierklassige Lateinschule, die am Ende des Jahrhunderts durch eine Gymnasialklasse zur Vorbereitung der Studienanfänger ergänzt wurde. Eine bessere Gymnasialbildung erhielt ein Dorpatenser jedoch in Riga, danach ging man an eine deutsche Universität – meistens nach

Jena, Leipzig oder Halle. Die Zahl derjenigen, die diese Reise unternahmen, war nicht hoch, durchschnittlich ein Student pro Jahr.

Kaiser Paul I., der 1796 den Thron bestieg, machte sich ohne Aufschub daran, das Land von der „französischen Pest" zu befreien. Private Druckereien wurden geschlossen und eine strenge Zensur eingeführt. Im ganzen Land wurden Walzertanzen sowie das Tragen von Zylinderhut und Frack untersagt. Alle Studenten, die im Ausland studierten, wurden unverzüglich zurück nach Hause befohlen. Unter diesen Umständen wurde die Eröffnung einer Universität in den Ostseeprovinzen unumgänglich. Im Jahre 1799 beschloss der Kaiser, dass Dorpat Universitätssitz wird, und wies für den Bau der erforderlichen Gebäude das Gelände des Dombergs und das Grundstück der ehemaligen Marienkirche zu. Das Jahrhundert, das für Dorpat katastrophal begonnen hatte, endete in der Hoffnung auf eine vielversprechende Zukunft.

Athen am Embach (19. Jahrhundert)

Wiedererrichtung der Universität

Nach dem ersten Jahrhundert unter russischer Herrschaft, das Elend und Zerstörung gebracht hatte, war das 19. Jahrhundert für Dorpat eine Zeit des Gedeihens. Aufgrund der Wiedereröffnung der Universität entwickelte sich die bis dahin stagnierende Kreisstadt innerhalb weniger Jahrzehnte zu einer international bekannten und anerkannten Universitätsstadt.

Die Wahl von Dorpat zum Sitz der Universität der russländischen Ostseeprovinzen war für die livländische Ritterschaft durchaus akzeptabel, nicht aber für den estländischen und kurländischen Adel, denen Dorpat zu provinziell und abgelegen erschien. Die estländische Ritterschaft bevorzugte als Universitätssitz das am Meer gelegene Pernau, da dort ja die Tätigkeit der Universität 1710 abgebrochen war. Die kurländische Ritterschaft setzte stattdessen auf ihre „eigene Universität", die *Academia Petrina* in Mitau/Jelgava. Das vom letzten Herzog von Kurland, Peter von Biron (1769–1795), gegründete akademische Gymnasium war damals zweifelsfrei die mit Abstand beste Bildungseinrichtung in den drei baltischen Provinzen, deren Umwandlung in eine Universität sicherlich einfacher als die Gründung einer neuen gewesen wäre. Dies war einer der Gründe, warum der unbeständige Kaiser Paul I. der Lobbyarbeit des kurländischen Adels nachgab und den Standort der geplanten Universität zugunsten von Mitau änderte. Im Jahre 1801 wurde Paul jedoch ermordet und sein Sohn Alexander I., der ihm auf den Thron folgte, tat alles, um anders zu regieren als sein Vater, der als Tyrann galt. Als einen Schritt in diese Richtung holte der neue Kaiser den Stand-

Abb. 6: Das Hauptgebäude der Universität auf einer Postkarte vor 1918.

ort der geplanten Universität von Mitau nach Dorpat zurück, mit der Begründung, dass die Universität in Dorpat bereits existiert hatte. Der Übergang von der schwedischen unter russische Herrschaft zeigte sich für Dorpat vorteilhaft: Am Ende der schwedischen Zeit war die Verlegung der Universität nach Pernau mit der beschwerlichen Reise von Dorpat in die damalige Hauptstadt Stockholm begründet worden, aber nach St. Petersburg verfügte Dorpat über eine für die damalige Zeit ausgezeichnete Verkehrsverbindung. Die Kaiserliche Landesuniversität Dorpat wurde am 21. April 1802 feierlich eröffnet. Die größte Arbeit bei der Einrichtung der Universität leistete ihr erster Rektor Georg Friedrich Parrot (1767–1852), der aus Württemberg gebürtig und in Königsberg promoviert worden war. Als der junge Kaiser im Sommer 1802 durch Dorpat reiste, ließ er es sich nicht nehmen, auch die Universität zu besuchen, wo die von Parrot in französischer Sprache gehaltene Begrüßungsrede beim Monarchen einen unauslöschlichen Eindruck hinterließ. Für den aufgeklärten

Abb. 7: Der Pirogov-Park am Fuße des Dombergs, 2022.

Alexander I. wurde Parrot zum „kleinen Voltaire", der das Privileg hatte, sich immer auch unmittelbar an ihn wenden zu können. Auch die Tatsache, dass Alexander I. im Einvernehmen mit den Ritterschaften die Leibeigenschaft in den Ostseeprovinzen bereits 1816–1819 abschaffte (im Gouvernement Estland 1816, in Kurland 1817 und in Livland 1819; in den russländischen Binnengouvernements erfolgte dies erst 1861), ist zum Teil der Initiative von Parrot zu verdanken.

Die anfangs von den Ritterschaften finanzierte Universität wurde bald in eine staatliche Universität mit weitgehender Autonomie umgewandelt. Alle Universitätsangestellten von den Professoren bis zu den Bediensteten sowie die Studenten waren der Jurisdiktion des Universitätsgerichts unterstellt, das nicht der städtischen Gerichtsbarkeit unterstand. Das Recht, sowohl den Rektor als auch neue Professoren zu wählen, lag beim Rat der ordentlichen Professoren der Universität. Die Universität bestand wie in der schwedischen Zeit weiterhin aus den vier klassischen

Fakultäten (der theologischen, philosophischen, juristischen und medizinischen Fakultät). Um die Mitte des 19. Jahrhunderts wurde die philosophische Fakultät in die mathematisch-naturwissenschaftliche und in die historisch-philologische Fakultät aufgeteilt. Diese Struktur wurde bis zum Ende des Russländischen Reichs beibehalten.

Die Universität Dorpat war die einzige deutschsprachige und lutherische Universität in ganz Russland. Der Lehrkörper umfasste 40–45 Professoren, ein Viertel von ihnen Deutschbalten. Ein Großteil der Professoren war aus den deutschen Ländern nach Dorpat gekommen, die meisten von ihnen hatten in Berlin, Leipzig oder Göttingen studiert oder waren dort promoviert worden. Es war nicht schwierig gewesen, sie als Professoren an die Universität Dorpat zu berufen: Die Bezahlung war gut und das angrenzende Russland – damals immer noch eine Terra incognita – bot für eine Wissenschaftlerkarriere viele Möglichkeiten. In den Jahren 1826–1838 arbeitete an der Universität das Institut zur Vorbereitung von Professoren für andere russländische Universitäten, an das die besten Absolventen aus den Reihen der dortigen Universitäten geschickt wurden. Der bekannteste der zukünftigen russischen Professoren, die in Dorpat weitergebildet wurden, war Nikolai Pirogov (1810–1881), der als Mitbegründer der Feldchirurgie gilt. Er gehörte zu den ersten Ärzten in Europa, der Äther zur Narkose anwendete. Einige Zeit war Pirogov als Professor auch an der Universität Dorpat tätig. Die Rasenfläche um sein Denkmal, gleich hinter dem Rathaus am Fuße des Dombergs gelegen, ist heute einer der beliebtesten Versammlungsorte der Studenten Dorpats.

Viele auf oder in der Nähe des Dombergs errichteten Denkmäler erinnern auch an andere damalige berühmte Wissenschaftler, die in Dorpat studiert oder als Professoren gearbeitet haben. Von den damaligen Universitätsabsolventen ist einer der berühmtesten der aus Wierland/Virumaa in Nordestland gebürtige Karl Ernst von Baer (1792–1876), der wegen seiner wissen-

Abb. 8: Von 1992 bis 2011 wurde in Estland auch mit dem Bild K. E. von Baers bezahlt.

Abb. 9: Das Karl Ernst von Baer-Denkmal in einer Fotografie vor 1889.

schaftlichen Leistungen auf zahlreichen Gebieten manchmal als „Alexander von Humboldt des Nordens" bezeichnet wird. Er entdeckte die menschliche Eizelle, formulierte die Baer-Regel der Embryonenähnlichkeit sowie das nach ihm benannte Gesetz der unterschiedlichen Erosion von Flussufern durch die Corioliskraft. Als Professor war Baer an der Universität Königsberg und an der Medizinischen Akademie in St. Petersburg tätig. Das 1886 für ihn auf dem Domberg errichtete Denkmal ist eines der beeindruckendsten in Dorpat. An jedem Walpurgisabend (am 30. April) binden die um sein Denkmal versammelten Studenten dem ehrwürdigen Professor eine Krawatte um den Hals und waschen ihm mit Bier den Kopf. Vielleicht steckt darin auch ein bisschen Rache: Der Studentenfolklore zufolge sei Baer als Prüfer sehr streng und rigoros gewesen.

Der aus Altona in Holstein gebürtige Friedrich Georg Wilhelm Struve (1793–1864) war sowohl Alumnus als auch Professor an der Universität Dorpat und Gründer der bis heute auf dem Domberg befindlichen Sternwarte (heute ein Museum). Für die Beobachtung von Doppelsternen beschaffte Struve für das Observatorium einen vom berühmten Optiker Joseph von Fraunhofer hergestellten Refraktor mit einer für die damalige Zeit sensationellen Öffnung von 24,4 cm, die damals die größte der Welt war. Als Museumsexponat kann der Refraktor noch heute besichtigt werden. Neben der Astronomie beschäftigte sich Struve auch mit der Geodäsie. Er initiierte für die Breitengradmessung eine umfangreiche Triangulation, wobei er gemeinsam mit Carl Tenner eine Kette von geodätischen Vermessungspunkten zwischen Hammerfest in Norwegen und dem Schwarzen Meer – den seit 2005 zum UNESCO-Kulturerbe zählenden Struve-Bogen – errichten ließ.

Der aus Mohn/Muhu, der Nachbarinsel von Ösel stammende Hermann Adolf Alexander Schmidt (1831–1894), der zum Universitätsrektor aufstieg, war ein Physiologe, der durch seine Arbeiten über die Verdickung des Blutes weltweit bekannt geworden war. Der Kurländer Carl Ernst Heinrich Schmidt (1822–1894) war Begründer der Stoffwechselforschung. Ihm gelang eine erste genauere Analyse der Zusammensetzung verschiedener Körperflüssigkeiten. Er prägte auch den Begriff „Kohlenhydrate". Um zwischen den beiden gleichnamigen berühmten Professoren zu unterscheiden, erhielt Alexander den Beinamen „Blutschmidt" und Carl den Spitznamen „Wasserschmidt". Unter der wissenschaftlichen Betreuung von Carl Schmidt erlangte der bisher einzige mit der Universität verbundene Nobelpreisträger (1909), der Chemiker Wilhelm Ostwald (1853–1932), seinen Doktorgrad. Der in Riga geborene Ostwald war später Professor in Leipzig. Schon in Dorpat wurde ihm eine glänzende wissenschaftliche Karriere vorausgesagt. Ostwald, der vielseitige Interessen hatte, leitete in Dorpat unter anderem ein Kammermusikensemble und soll alle 83 Streichquartette, die damals Haydn zugeschrieben wurden, erlernt haben, indem er in der Musik nach einem für die Naturwissenschaften charakteristischen System suchte.

Obwohl das 19. Jahrhundert vor allem eine Blütezeit der Naturwissenschaften war, darf man in der Geschichte der Universität Dorpat die Vertreter anderer wissenschaftlicher Disziplinen nicht unberücksichtigt lassen. Einer der ersten Rektoren der wiedereröffneten Universität, Gustav Ewers (1779–1830), ist als Forscher der Entstehung des Russländischen Reiches und als Begründer der russischen Rechtshistorikerschule in die Wissenschaftsgeschichte eingegangen.

Der Rechtswissenschaftler und Historiker Friedrich Georg von Bunge (1802–1897) initiierte die wissenschaftliche Publikation der Quellen zur baltischen Geschichte, von denen die Reihe des *Liv-, Est- und Kurländischen Urkundenbuchs*, die 1851 zu erscheinen begann, als bemerkenswerteste gilt. Die von Bunge begonnene Arbeit wird bis heute fortgesetzt: Der bisher letzte, 14. Band des Urkundenbuchs ist 2019 erschienen.

Aus Riga kam Carl Schirren (1826–1910) zum Geschichtsstudium nach Dorpat, der hier als Professor für russische Geschichte zum namhaftesten deutschbaltischen Historiker seiner Zeit wurde. Sein Hauptforschungsthema war die livländische Selbstständigkeit im Mittelalter und ihr Untergang unter der folgenden schwedischen und russischen Herrschaft. Schirren zufolge war die Geschichte der Ostseeprovinzen ein ununterbrochenes Ringen um europäische Rechtsgrundsätze. Seine Ansichten legte Schirren in der 1869 in Leipzig erschienenen *Livländischen Antwort* auf die heftigen journalistischen Angriffe des Slawophilen Juri Samarin gegen das Deutschbaltentum und die Privilegien der Ostseeprovinzen dar. Die russländischen Behörden sahen in Schirrens leidenschaftlichem Auftritt eine Drohung, sich von Russland zu lösen und dem sich vereinigenden Deutschland anzuschließen. Infolgedessen setzte Schirren, der zur Aufgabe seiner Dorpater Professur gezwungen wurde, seine Tätigkeit als Professor an der Universität Kiel fort.

Das politische Leben des Russländischen Reiches im 19. Jahrhundert war wechselhaft wie eine Achterbahnfahrt, was auch auf die Tätigkeit der Universität nicht ohne Auswirkungen blieb. Das von Alexander I. im ganzen Staat eingerichtete Volksbildungssystem wurde von den an den Universitäten angesiedelten Lehrbezirkskuratorien organisiert und verwaltet. Neben der bestehenden Universität Moskau und den wiedereröffneten Universitäten in Dorpat und Wilna/Vilnius wurden Anfang des 19. Jahrhunderts auch in St. Petersburg, Kasan und Charkiw/Charkow Universitäten gegründet. Die Lehrbezirkskuratoren wurden zu den Hauptverantwortlichen für die Bildungspolitik des Staates. Der erste Kurator der Universität Dorpat, der Dichter und Dramatiker Friedrich Maximilian Klinger (1752–1831) – sein Drama *Sturm und Drang* wurde namensgebend für die gesamte literarische Strömung dieser Zeit – trug in jeder Hinsicht zur Durchsetzung der aufklärerischen Ideen Alexanders I. bei. In der Regierungszeit des nächsten Kaisers, Nikolaus I. (1825–1855), erreichte das autokratische Regime in Russland seinen Höhepunkt. Die Eckpfeiler der Staatsideologie wurden Kaiser, Glaube und Vaterland. Für die Umsetzung dieser Politik wurde auch ein geeigneter Kurator eingesetzt, der ehemalige Offizier Gustav Craffström, der mehr als an der Entwicklung der Wissenschaft, von der er ohnehin keine Ahnung hatte, darauf achtete, dass an der Studentenuniform alle Knöpfe korrekt zugeknöpft waren – dafür mangelte es dem Kurator nicht an Kompetenz. Im Jahre 1833 wurde die Tätigkeit der studentischen Korporationen als „Geheimgesellschaften" verboten, sodass die bunten

Mützen und Bänder der Studenten aus dem Dorpater Stadtbild verschwanden. Auch die Universitätsautonomie wurde stark beschnitten. Die Zuständigkeit für die Besetzung vakanter Professorenstellen wurde nun von der Universität auf den Minister übertragen. Sergej Uvarov, der Bildungsminister in der Regierungszeit Nikolaus' I., forderte die Einführung des russischsprachigen Unterrichts an der Universität Dorpat, was jedoch aus einem eher trivialen Grund ins Stocken geriet: Es gab in Dorpat nämlich keine Professoren, die sich bereit gezeigt hätten, Vorlesungen in russischer Sprache zu halten. Der Professor für Praktische Theologie und 1839–1841 Rektor der Universität, Karl Christian Ulmann, der sich den Anweisungen des Bildungsministers mutig entgegenstellte, wurde gezwungen, zunächst sein Rektorat niederzulegen und danach auch die Universität Dorpat zu verlassen.

Die Regierungszeit Alexanders II. (1855–1881) brachte eine neue Wende. Dem Initiator großer Reformen lag es daran, den Staat aus der Stagnation, in die er während der Regierungszeit seines Vaters geraten war, herauszuführen. Der zum neuen Lehrbezirkskurator ernannte Graf Alexander von Keyserling (1815–1891), ein Geologe und Paläontologe, eignete sich als ein hochgebildeter Mann und eine strahlende Persönlichkeit hervorragend für die Umsetzung der vom Kaiser eingeleiteten Reformpolitik. Die Studenten durften ihre Uniformen ausziehen. Die Studentenverbindungen und Korporationen bekamen wieder Handlungsfreiheit und das Recht, Farben zu tragen. Die drei Jahrzehnte von den sechziger bis zu den späten achtziger Jahren waren die Blütezeit des sogenannten Dorpater „Burschenstaates".

Die ersten, zu Beginn des 19. Jahrhunderts in Dorpat gegründeten Korporationen vereinten die Studenten nach ihrer geografischen Herkunft: So entstanden die *Livonia*, *Estonia*, *Curonia* und die *Fraternitas Rigensis*. Die Studenten, die aus dem polnischen Gebiet des Russländischen Reiches nach Dorpat gekommen waren, gründeten ihre eigene Korporation *Polonia*. Zum obersten Selbstverwaltungsorgan wurde der Chargiertenkonvent, dem sich auch die nicht in Korporationen organisierten Studenten, die sogenannten „Wilden", unterordneten. „Erst kommt Gott, dann der Kaiser von Russland und gleich danach der dörptsche Student", war eine selbstverständliche Auffassung von der Reihenfolge der Dinge der Welt. Das Brauchtum der Korporationen unterschied sich nicht von dem deutscher Universitätsstädte. Ähnlich war auch das Liederrepertoire, das in einigen Fällen, wie bei der *Wacht am Rhein* oder dem *Deutschlandlied*, auch politische Unannehmlichkeiten mit sich bringen konnte.

Die Studentenzahl, die sich um die Jahrhundertmitte auf etwa 600–700 belief, stieg bis zum Ende der 1880er-Jahre auf etwa 1700–1800 an. Größer als die Universität Dorpat waren im Russländischen Reich nur zwei Universitäten – jene in St. Petersburg und in Moskau. Zwei Drittel der Studenten kamen aus den baltischen Provinzen, wobei die Deutschbalten in ihrer Anzahl deutlich überwogen. Der Anteil der Esten an der gesamten Studentenschaft stieg erst gegen Ende der 1880er-Jahre auf sieben Prozent. Die Zahl der Letten war etwas höher. Die geografische Herkunft des verbleibenden Drittels der Studierenden war sehr unterschiedlich, sie reichte von dem bereits erwähnten Polen bis zum fernen Armenien.

Das Herbstsemester begann an der damaligen Universität Mitte August und endete vor Weihnachten. Nach dreiwöchigen Ferien begann das Frühjahrssemester, das bis Mitte Juni dauerte. Die Studenten hatten zwei Monate Sommerferien. Die Regelstudienzeit an der Universität betrug acht Semester, an der medizinischen Fakultät zehn Semester. Für das Studium konnte man bis zu zehn Jahre brauchen, da die Verschiebung der Prüfungen, insbesondere im Fall, wenn dies mit „einer eingehenden Beschäftigung mit dem zu erlernenden Fach" begründet wurde, an der Universität nicht verboten war. Wenn das Testament eines

Verwandten die Zahlung einer Unterstützung für die Zeit des Studiums des jungen Mannes vorsah, schien es somit nicht allzu ratsam, sich mit dem Studium zu beeilen.

Stadt des Klassizismus

Die Wiedereröffnung der Universität Dorpat veränderte das Stadtbild wesentlich. Die Universität konnte nicht in den vorhandenen Gebäuden der Stadt untergebracht werden. Alles, was benötigt wurde, musste erst gebaut werden, und damit wurde ohne Aufschub begonnen. Nur in den ersten Jahren ihres Bestehens musste sich die Universität mit den „alten" Gebäuden zufriedengeben. Magnus Johann von Bock überließ der Universität für fünf Jahre unentgeltlich den zweiten Stock seines Stadthauses. Der dortige Ballsaal wurde zum ersten Auditorium maximum der wiedereröffneten Universität umgebaut. Mit der Planung aller für die Universität notwendigen Gebäude wurde der aus Niederschlesien gebürtige Architekt Johann Wilhelm Krause (1757–1828) betraut, der zugleich Professor für Agronomie, Technik und zivile Architektur war. Der wertvollste Teil seines Schaffens als Architekt sind diese Dorpater Universitätsgebäude. Mit anderen Worten: Vor der Projektierung der Universitätsgebäude hatte Krause keine herausragenden architektonischen Leistungen vorzuweisen. Daher war Krause zweifelsohne eine mutige und wie man heute sagen kann, auch eine sehr gelungene Wahl. Die meisten Universitätsgebäude wurden auf dem Domberg errichtet, der bis dahin weitgehend unbebaut und im 18. Jahrhundert zur abgelegensten Ecke der Stadt geworden war. Krause beschloss, die Ruine des Doms auszubauen. Der Chor wurde als dreistöckige Bibliothek wiederaufgebaut. Zunächst sollte im Dom auch die Sternwarte eingerichtet werden, aber dafür fand man am höchsten Hang des Dombergs, an der Stelle der ehemaligen Burg, einen besseren Standort. Das auf dem Domberg gelegene Militärhospital wurde zur Universitätsklinik umgebaut. Für die medizinische Fakultät wurde auf dem Domberg auch ein Theatrum Anatomicum erbaut, dessen einzigartiger architektonischer Stil zum Vorbild für mehrere spätere anatomische Theater in Europa wurde.

Auch das Hauptgebäude sollte zunächst auf dem Domberg errichtet werden, aber schon bald fand man dafür einen geeigneteren Standort auf dem Grundstück der zerstörten Marienkirche: Dieser lag der Innenstadt weitaus näher und war zugleich weit genug vom geschäftigen Marktplatz entfernt. Das Hauptgebäude der Universität wurde 1809 fertiggestellt. Seine klassizistische Fassade mit sechs massiven dorischen Säulen ist nicht nur zu einem Symbol für die Stadt Dorpat, sondern auch für die Bildung und den Fortschritt in ganz Livland und Estland geworden. Das Hauptgebäude beherbergte die Physik- und Chemielabore, während ganz oben im Dachgeschoss der Universitätskarzer untergebracht war. Der Stolz des Hauptgebäudes war und ist die über zwei Stockwerke reichende Aula, die bis heute nicht nur als der prächtigste Saal ganz Estlands, sondern auch als der Saal mit der besten Akustik gilt.

Am Fuße des Dombergs wurde der botanische Garten der Universität mit einem Palmenhaus angelegt. Innerhalb eines knappen Jahrzehnts wurde in Dorpat alles fertiggestellt, was zu einer zeitgemäßen europäischen Universität gehörte. Wenn man sich fragt, ob irgendetwas auch unerledigt geblieben ist, so könnte es der Zoo sein, der ja im Sinne der damaligen Zeit ebenfalls ein Teil der Universität war. Ein Zoo fehlt in der Stadt auch heute, was jedoch durch eine reichhaltige Sammlung von ausgestopften Bälgen von Vögeln und anderen Tieren im Naturkundemuseum der Universität in gewissem Maße ausgeglichen wird.

Vom Raddampfer bis zur Lokomotive

Die Wiedererrichtung der Universität führte zu einem zügigen Anstieg der Einwohnerzahl der Stadt. Die Universität brachte Universitätslehrer, Lehrer und Ärzte, Studenten und Gymnasiasten nach Dorpat, schaffte Arbeit und Brot für Angestellte, Ladenbesitzer, Vermieter von Studentenwohnungen und Pensionaten sowie Bedienstete. Während in Dorpat zu Beginn des Jahrhunderts etwa 4000 Menschen lebten, so wuchs die Bevölkerung bis zur Mitte des Jahrhunderts auf mehr als 12.000 an und belief sich am Jahrhundertende bereits auf über 40.000. Dorpat blieb weiterhin die zweitgrößte Stadt sowohl im estnischen Sprachraum als auch im Gouvernement Livland. Sowohl zu Beginn als auch am Ende des Jahrhunderts betrug die Einwohnerzahl von Dorpat etwa zwei Drittel der Einwohnerzahl von Reval. Die livländische Gouvernementshauptstadt Riga hingegen übertraf Dorpat hinsichtlich der Einwohnerzahl um das Vier- bis Fünffache. Dorpat wuchs in erster Linie durch die Zuwanderung aus den ländlichen Gebieten des heutigen Südestland, da das Stadtleben schnellere Möglichkeiten, auf einen grünen Zweig zu kommen, aber auch mehr Freiheiten bot: Die für die dörfliche Gesellschaft typische soziale Kontrolle war in der Stadt viel lockerer. Immer mehr Esten gaben die Volkstracht und Bauernhäuser zugunsten einer Stadtwohnung und städtischer Kleidung auf.

Der Anteil der Esten an der Bevölkerung von Dorpat stieg stetig an. Im Jahre 1881 machten die Esten bereits 55 % der Bevölkerung der Stadt aus, gegenüber 35 % Deutschen. Bei der Volkszählung von 1897 war der Anteil der Deutschen bereits auf 17 % gesunken, während der Anteil der Esten auf 69 % gestiegen war. Nach den Daten desselben Jahres gehörten 80 % der Immobilien in der Innenstadt Deutschen, wohingegen im Stadtteil auf der anderen Seite des Flusses 80 % der Immobilien im Eigentum von Esten waren. Die zahlenmäßig drittstärkste ethnische Gruppe in der Stadt waren die Russen. Ihr Anteil hielt sich während des gesamten Jahrhunderts zwischen fünf und zehn Prozent.

Im Gegensatz zu Reval, Narwa oder Pernau war Dorpat unter den „Großstädten" des heutigen Estland die einzige, in der keine bedeutenden Industriebetriebe entstanden. Das größte Unternehmen der Stadt, Adalbert Faure's Fabrik für Landmaschinen und -geräte, beschäftigte nur gut 150 Arbeiter. Infolgedessen gehörten zu den größten Unternehmen in Dorpat sogar zwei Brauereien – *Tivoli* und *Gambrinus*. Für eine Universitätsstadt war dies auch nicht überraschend. Die neuen Industriegebäude von *Tivoli*, die in den 1890er-Jahren am hohen Hang des Embachs im Stadtteil Techelfer/Tähtvere fertiggestellt wurden, machen noch heute einen imposanten Eindruck. Zu Beginn des 20. Jahrhunderts wurde zum neuen Eigentümer von *Tivoli* der internationale Konzern *A. Le Coq*. Das gleichnamige Bier wird dort auch heute gebraut. Trotz der geringen Größe der Unternehmen war die industrielle Produktion in Dorpat einer Universitätsstadt durchaus würdig: medizinische Geräte und Musikinstrumente, hochwertige Druckerzeugnisse, edle Möbel, feine Schnäpse.

Nach wie vor wurde in Dorpat der dreiwöchige winterliche Jahrmarkt, der am stärksten besuchte Jahrmarkt im nördlichen Livland, abgehalten. Er zog Kaufleute aus ganz Russland und auch aus Mittel- und Westeuropa an. Während in der ersten Jahrhunderthälfte auf dem Jahrmarkt russische Kaufleute und russische Waren dominierten, so wurden ab der Jahrhundertmitte die in der livländischen Metropole Riga hergestellten modernen Maschinenbauerzeugnisse und Produkte der chemischen Industrie immer mehr nachgefragt.

Nach und nach öffnete sich die Welt für Dorpat und Dorpat öffnete sich für die Welt. Bis zur Fertigstellung der Eisenbahn blieb der Hauptverkehrsweg nach wie vor der Embach. Die Flussufer unterhalb der Steinbrücke boten einen recht spektakulären Anblick. Lastkähne aus den am Peipussee gelegenen Ortschaften und aus Pleskau brachten Brennholz und Bretter,

Vom Raddampfer bis zur Lokomotive 119

Abb. 10: Der Flussdampfer „Alexander" am Anlegeplatz in Dorpat vor 1889.

Abb. 11: Heute führt der Straßenverkehr direkt vor dem Bahnhofsgebäude vorbei. Fotografie vor 1889.

Balken und Ziegelsteine, Fisch und Zwiebeln, Gurken und Beeren sowie andere Dinge des täglichen Bedarfs in die Stadt. 1843 sahen die Dorpatenser auf dem Embach den ersten Raddampfer namens *Juliane Clementine*. Gegen Jahrhundertende gab es in Dorpat mindestens sechs Dampfschiffe. In den 1860er-Jahren wurde der regelmäßige Schiffsverkehr nach Narwa und Pleskau aufgenommen. Von Pleskau konnte man bereits 1859 mit dem Zug nach St. Petersburg, ab 1862 auch nach Warschau und von dort auch an weiter entfernte Orte reisen.

Im Jahre 1863 erhielt Dorpat eine Telegrafenverbindung nach Riga, im darauffolgenden Jahr über Narwa auch nach St. Petersburg und Reval. Dreizehn Jahre später – im Jahr 1876 – gelangte die Eisenbahn nach Dorpat. Nunmehr war es möglich, mit dem Zug von Dorpat nach Taps/Tapa und von dort aus entweder nach St. Petersburg oder nach Reval zu fahren. Im Jahre 1889 kam die Eisenbahnverbindung nach Walk hinzu, von wo aus die Reise entweder in Richtung Riga oder Pleskau fortgesetzt werden konnte. Die erste Dorpater Telefonleitung mit einer Länge von anderthalb Kilometern wurde 1884 von der Brauerei zur Wohnung ihres Direktors gelegt. 1898 eröffnete man die erste Telefonzentrale, die als Abonnenten Gutsbesitzer aus den umliegenden Siedlungen verband, die Stadtbewohner erhielten ein Jahr später eine eigene Zentrale. Ferngespräche aus Dorpat konnten erst im neuen Jahrhundert geführt werden.

Das elitärste Stadtviertel befand sich damals südlich der Altstadt zwischen dem Rigaer Berg und dem Bahnhof. Hier entstanden die neuen Lehrgebäude der Universität, die Vereins- und Verbindungshäuser, hier wurden die nobelsten Privat- und Wohnhäuser erbaut. Ein anderes florierendes Viertel war der direkt gegenüber dem Stadtzentrum am linken Flussufer gelegene Holm, der im Zweiten Weltkrieg völlig zerstört wurde. Flussabwärts vom Holm befand sich das elendste und armseligste Stadtviertel, wo der Embach jedes Frühjahr und in schlechteren Jahren auch im Herbst die Grundstücke überschwemmte. Auch gegenüber, am rechten Flussufer, befanden sich Elendsviertel, wo sich neben armseligen Behausungen Schweine- und Kuhställe befanden, auf den Höfen Hühner herumliefen und Enten watschelten.

Im 19. Jahrhundert wurde die Stadtsilhouette um mehrere neue Kirchtürme erweitert. Im Jahre 1843 wurde hinter dem Domberg, am Ende der damaligen Landstraße nach Fellin die evangelische Marienkirche fertiggestellt – die erste für eine estnischsprachige Gemeinde errichtete Kirche in Dorpat. Da die Gemeinde schnell wuchs, wurde 1884 am gegenüberliegenden Flussufer auf dem Narwaer Berg die evangelische Peterskirche erbaut. 1899 wurde in Techelfer die erste nach der Reformation errichtete und bis heute einzige römisch-katholische Kirche der Stadt fertiggestellt. Die Zwiebeltürme der orthodoxen Kirchen ragten zwar nicht in die Höhe, aber auch die Dorpatenser erhielten bis zum Ende der russischen Herrschaft zwei neue Kirchen, die der Staatsreligion angehörten.

Modernisierung der Stadtverwaltung

Kaiser Paul I., der nach dem Tod Katharinas II. den Thron bestiegen hatte, hatte 1796 die Autonomie der Ostseeprovinzen wiederhergestellt und das 13 Jahre andauernde Experiment, Livland und Estland mit den russischen Binnengouvernements zu verschmelzen, vorerst beendet. In Dorpat, wie auch in anderen Städten der Ostseeprovinzen, ging die lokale Macht zurück an die aus Bürgermeistern und Ratsherren bestehenden Magistrate, die in der Stadt sowohl Verwaltungs- als auch Gerichtsfunktionen ausübten. Der Einfluss der Universität auf das städtische Machtgefüge spiegelte sich insbesondere in der Ratszusammensetzung wider: Die Sitze der Großkaufleute und Unternehmer der Stadt mussten etwas abgebaut werden, um den Vertretern des in der Universitätsstadt einflussreichen Literatenstandes Platz zu machen.

Die ersten, allerdings grundlegenden Veränderungen hinsichtlich der Stadtverwaltung erfolgten im Zusammenhang mit der Ausdehnung des russischen Stadtgesetzes von 1870 auf die Ostseeprovinzen im Jahre 1877. Der Magistrat büßte fortan seine ausschließliche Macht in der Stadt ein. Alle vier Jahre wurde ein 60-köpfiger Stadtrat gewählt, der unter der Leitung des Bürgermeisters die Stadtverwaltung bildete. Das Wahlrecht hatten alle Stadtbewohner, die die russländische Staatsbürgerschaft besaßen und seit mindestens zwei Jahren in der Stadt lebten. Die letztgenannte Anforderung wurde nicht auf Kaufleute und Hausbesitzer angewandt. Die Stadtbewohner wurden je nach Vermögen in drei Klassen (Wahlkurien) eingeteilt, wobei jede Klasse 20 Sitze im Stadtrat erhielt. Etwa zehn Jahre lang fungierten die Magistrate weiterhin als Gerichtsbehörden der Städte. 1889 wurde in den Ostseeprovinzen die gesamtrussländische Gerichtsverfassung eingeführt (allerdings ohne die Schöffeninstitution wie in den Binnengouvernements), und die Ratsherren und Bürgermeister büßten auch ihre letzte Machtposition in der Stadt ein.

Trotz des deutlichen Übergewichts in der Stadtbevölkerung errangen die Esten wegen des Vermögenszensus in den ersten vier Wahlperioden des Stadtrats keinen einzigen Sitz. Der erste Stadtrat, der 1878 gewählt wurde, bestand aus 55 Deutschen und fünf Russen. Es wurde eine Listenwahl durchgeführt, die den Erfolg der im Unterschied zu den Esten viel besser organisierten Deutschen sicherte. Alle Bürgermeister waren ebenfalls Deutsche. Dies blieb in Dorpat erstaunlich lange so: In den Jahren 1878–1917 hatte Dorpat nur drei Bürgermeister: Georg von Oettingen (1878–1891), Wilhelm Bock (1891–1898) und Victor von Grewingk (1898–1917). Oettingen war Augenchirurg und Universitätsrektor, bevor er Bürgermeister wurde. Der nächste Bürgermeister, Bock, war ebenfalls Arzt, während Grewingk ein professioneller Stadtpolitiker war, der sowohl Mitglied des Magistrats als auch Justizbürgermeister gewesen war, bevor er Bürgermeister wurde.

Im Jahre 1892 wurde die Wahlordnung geändert. Die drei Wahlkurien wurden abgeschafft, und das Wahlrecht blieb nur den Hausbesitzern vorbehalten, deren Grundvermögen auf mindestens tausend Rubel geschätzt worden war. Auch Gastwirte, Polizeibeamte und Geistliche waren vom Wahlrecht ausgeschlossen. Durch das neue Wahlgesetz wurde die Zahl der wahlberechtigten Bürger wegen des noch höheren Vermögenszensus fast um die Hälfte verringert, aber die ethnischen Machtverhältnisse blieben unverändert: Bis zum Ende des 19. Jahrhunderts hatten die Esten kein Mitspracherecht bei der Stadtverwaltung.

Obwohl die Übertragung der Gewalt des Magistrats auf den Stadtrat den Kreis der an der Stadtverwaltung beteiligten Personen erheblich erweiterte, bedeutete dies nicht unbedingt eine Verbesserung der Stadtverwaltung. Durch die im Stadtrat ausgetragenen endlosen Streitigkeiten wurden viele geplante Vorhaben vereitelt. Bereits 1882 begann der Stadtrat mit Diskussionen über die Befestigung der Ufer des Embachs. Im Jahre 1898 wurde schließlich entschieden, wo man mit dieser Arbeit beginnen sollte. Hinfort wurde der Baubeginn durch die bis zum Ende der russischen Herrschaft andauernden Streitigkeiten über das Budget für die Arbeiten behindert – der Embach konnte weiter ungestört in seinem natürlichen Bett fließen.

Positiv zu vermerken ist, dass der Stadtrat zur Verbesserung des ordnungsgemäßen Zustandes der Stadt beigetragen hat. Bereits 1880 wurde als erstes städtisches Unternehmen das Gaswerk eingerichtet, das Stadtgas aus Steinkohle erzeugte. Dieses wurde sowohl zur Heizung als auch zur Beleuchtung verwendet. Unter anderem wurden die etwas trüben Öllampen, die die Straßen beleuchteten, durch weitaus hellere Gaslampen ersetzt.

Das deutsche Dorpat

Dorpat gehörte samt Riga, Reval und Mitau zu den vier wichtigsten Zentren des deutschbaltischen Geisteslebens. Als Pflanzstätte der Intellektuellen diente nicht nur die Universität, sie gingen auch aus dem Gouvernementsgymnasium und mehreren Privatschulen hervor. Außer Lehrern und Universitätslehrern waren in Dorpat auch Journalisten und Rechtsanwälte, Ärzte und Pharmazeuten, Ingenieure und Architekten, Künstler und Musiker tätig. Die – teils auch aus den unteren Schichten stammenden – Intellektuellen hatten im Russländischen Reich eine hohe Position: Sie waren von der Kopfsteuer und der Rekrutenpflicht befreit und durften nicht mit der Prügelstrafe belegt werden.

Die Lage Dorpats an der großen Poststraße zwischen St. Petersburg und Riga brachte viele Künstler in die Stadt, die sonst vielleicht nicht nach Dorpat gereist wären. Im Jahre 1842 gab der damalige Superstar Franz Liszt dem Publikum ein Konzert, 1844 die Klaviervirtuosin Clara Schumann. Dorpats musikalischer Stolz war das auf dem stadtnahen Gut Ratshof/Raadi, das Karl Gotthard von Liphardt gehörte, tätige Streichquartett, dessen Primarius der später berühmte deutsche Geigenvirtuose Ferdinand David (1810–1873) war. Das Quartett unternahm Konzertreisen nach Riga, St. Petersburg und Moskau.

Lebendig war auch die Kunstszene der Stadt. Der aus Dresden gebürtige Carl August Senff (1770–1838) gründete an der Universität eine Zeichenschule, an der mehrere später berühmte Künstler ihre erste Ausbildung erhielten. Senff selbst hat zahlreiche Porträts und Landschaftsansichten gemalt, sein besonderes Verdienst besteht darin, dass er Dorpat und seine Bewohner im vorfotografischen Zeitalter festhielt. Sein Schüler Friedrich Ludwig von Maydell (1795–1846) gründete in Dorpat eine Werkstatt für Holzschnitte – die erste im ganzen Reich. Seine Kupferstiche *Fünfzig Bilder aus der Geschichte der deutschen Ostseeprovinzen*

(1839–1842) erregen noch heute das Interesse der (Kunst-)Historiker.

Das gesellige Leben in Dorpat fand in der ersten Hälfte des 19. Jahrhunderts in ständischen Klubs statt. Die Stadtbürger versammelten sich in der Bürgermusse, die Universitätsangehörigen hatten ihre eigene Akademische Musse, und der Adelsklub trug den Namen *Ressource*. Im Jahre 1860 gründeten zehn Dorpater Handwerksgesellen den Dorpater Handwerkerverein, der in kurzer Zeit zu einem Treffpunkt der Dorpater aus unterschiedlichen Gesellschaftsschichten wurde. Hier versammelten sich neben Handwerkern auch Adlige und Kaufleute, Professoren und Studenten, Pastoren und Literaten. Der Verein verfügte über eine große Bibliothek und einen Lesetisch. Jeden Freitag wurden dort Vorträge zu allgemeinbildenden Themen gehalten. An den Vereinsveranstaltungen beteiligten sich auch Esten, die hier zur Gründung ihrer eigenen nationalen Vereine angeregt wurden. Als 1869 das erste allgemeine gesamtestnische Liederfest in Dorpat stattfand, beherbergte der Handwerkerverein die Sänger und Gäste, außerdem wurde in den Vereinsräumen ein großes Bruderschaftsfest gefeiert.

Das gesellige und kulturelle Leben in Dorpat zeichnete sich jahrzehntelang dadurch aus, dass hier ein Theater fehlte. Im Jahre 1804 wurden nämlich mit einem kaiserlichen Dekret Theateraufführungen in der Stadt verboten, da man der Meinung war, dass die Bühnenkunst schädliche Auswirkungen auf die Moral und das Verhalten der Studenten habe. Mit der Herrschaftszeit Alexanders II. traten freiere Zeiten ein und man begann in dem am Stadtrand liegenden Gasthof *Zum weißen Pferd* mit Theateraufführungen, dies aber nur während der Sommerferien, wenn die meisten Studenten die Stadt verlassen hatten. Da es kein eigenes Ensemble gab, besuchte man die Aufführungen der aus Riga und Reval angereisten Schauspieltruppen.

Im Jahre 1867 wurde das Theaterverbot aufgehoben und 1870 begannen sowohl der Dorpater Handwerkerverein als auch der

Abb. 12: Veranda des Handwerkervereins vor 1889.

Abb. 13: Das Deutsche Theater auf einer Fotografie vor 1945.

Abb. 14: Heute das „Kleine Haus" des Vanemuine-Theaters.

Abb. 15: Das Gebäude der Neuen Dörptschen Zeitung – hier um 1889 – beherbergt heute Gastronomie.

estnische Verein *Vanemuine* mit der Aufführung von Theaterstücken. Der Handwerkerverein errichtete in der Teichstraße ein Sommertheatergebäude mit einem Fassungsvermögen von 800 Zuschauern, in dem von Mai bis September Vorstellungen stattfanden. Anfangs standen vor allem Farcen und Lustspiele auf dem Spielplan, doch fanden allmählich auch ernsthaftere Stücke Eingang ins Repertoire. Es wurden sogar Opern aufgeführt, in denen Gäste sowohl aus den nahe gelegenen Metropolen St. Petersburg und Riga als auch aus Deutschland auf der Bühne standen. Im Jahre 1899 trat im Sommertheater des Handwerkervereins der weltberühmte Dirigent Arthur Nikisch mit dem Berliner Philharmonischen Orchester auf.

Von Dorpater Presseerzeugnissen war das von Friedrich Georg von Bunge gegründete *Das Inland*, mit dem Untertitel *Eine Wochenschrift für Liv-, Esth- und Curländische Geschichte, Geografie, Statistik und Literatur* am einflussreichsten. Die in den Jahren 1836–1863 erschienene Zeitschrift hatte Mitherausgeber in Riga, Reval und Mitau sowie ein umfangreiches Korrespondentennetz, dem auch Intellektuelle estnischer Abstammung angehörten. Bunge forderte die Mitarbeiter der Zeitschrift auf, die Geschichte und Natur ihrer Heimatprovinzen zu erforschen und vorzustellen. Bis heute werden die in der Zeitschrift veröffentlichten Abhandlungen über die estnische und lettische Folklore, die Mythologie, den Volksglauben und Bräuche geschätzt.

Weiterhin erschien die 1789 gegründete *Dörptsche Zeitung*, die ab 1863 bis 1866 unter der Redaktion von Carl Emil Johann Mattiesen (1835–1888) als Tageszeitung herausgegeben wurde. Der junge und liberal gesinnte Mattiesen, der sich nach Abschluss des Studiums an der Universität Dorpat in Berlin und Leipzig fortgebildet hatte, gründete 1865 in Dorpat einen eigenen Verlag und eine Druckerei und begann im darauffolgenden Jahr mit der Herausgabe der Tageszeitung *Neue Dörptsche Zeitung*, die in kurzer Zeit die liberalste Zeitung in Dorpat wurde. Der Herausgeber der Zeitung wurde ein einflussreicher Mann, der später zum

Stadtrat und Bürgermeister aufstieg. Die *Dörptsche Zeitung* wurde unter anderen Herausgebern bis ins Jahr 1875 veröffentlicht. Daneben erschienen in Dorpat zahlreiche Fachzeitschriften. Unter ihnen erfreute sich die in den Jahren 1863–1915 erschienene *Baltische Wochenschrift für Landwirtschaft, Gewerbefleiß und Handel* der größten Leserschaft, die von der 1792 in Riga gegründeten und 1813 nach Dorpat verlegten Livländischen Gemeinnützigen und Ökonomischen Sozietät – der ältesten wissenschaftlichen Gesellschaft in den Ostseeprovinzen –, herausgegeben wurde.

Durch Bildung auf einen grünen Zweig kommen

Auch wenn Dorpat in der Bildungslandschaft des 19. Jahrhunderts in erster Linie als Universitätsstadt bekannt war, bildete die Universität doch nur die Spitze der Bildungspyramide, die ohne ein entsprechendes Fundament nicht funktionieren konnte. Auch das nationale Erwachen der Esten hätte ohne gebildete Fürsprecher nicht den nötigen Schwung erhalten.

Lesen, Schreiben und Rechnen lernte der Bauer zunächst in der elementare Grundkenntnisse vermittelnden Gemeindeschule und anschließend in der Pfarrschule, wo neben Schreiben, Rechnen und Landes- und Naturkunde auch die deutsche Sprache gelehrt wurde, ohne deren Kenntnis der weitere Bildungsweg unmöglich war. Eine gegenüber der Pfarrschule höhere Bildungseinrichtung, in der man auf Estnisch hätte lernen können, gab es in Livland und Estland im 19. Jahrhundert nicht. Die weitere schulische Ausbildung fand dann in der Stadt statt und gerade die Dorpater Schulen spielten bei der Herausbildung der estnischsprachigen Intelligenz eine führende Rolle.

Den Gemeinde- und Pfarrschulen auf dem Land entsprachen in der Stadt die Grundschulen, die in Dorpat ausschließlich deutschsprachig waren. Sie waren für das einfache Volk in der Stadt gedacht, das sich keinen Hauslehrer leisten konnte. An die

Grundschule schloss sich die Kreisschule an, in der neben den Stadtbewohnern auch die Kinder der wohlhabenderen Bauern des Landkreises unterrichtet wurden. Der Unterricht dauerte hier drei Jahre und war recht vielseitig: Arithmetik und Geometrie, Physik und Naturgeschichte, Geschichte und Geografie sowie Russisch als Fremdsprache. Die Aufgabe der Kreisschule bestand in erster Linie darin, praktische Kenntnisse und Fähigkeiten zu vermitteln. Deren Absolvent konnte bereits auf „eine in Innenräumen geleistete Arbeit und einen frühen Feierabend" hoffen. Diejenigen, die ihre Schullaufbahn am Gymnasium fortsetzen wollten, mussten zusätzlich Französisch- und Lateinunterricht nehmen oder eine Privatschule besuchen, die neben dem Kreisschulkurs auch zusätzlichen Sprachunterricht anbot.

Die Gymnasien befanden sich in der Regel in den Gouvernementsstädten. In Livland gab es zwei Gymnasien – außer in Riga auch in der Universitätsstadt Dorpat. Bei der Aufnahme ins Gymnasium gab es keine ständischen Beschränkungen, den Zugang zum Unterricht hatten alle Jungen, die die entsprechenden Aufnahmeprüfungen bestanden hatten. Im Jahre 1804 wurde das Gymnasium in Dorpat als eine dreiklassige Schule (Prima, Secunda, Tertia) gegründet. Im Jahre 1821 begann man den Unterricht bereits in der Quinta und im Jahre 1861 in der Septima. Auf der Grundlage der Aufnahmeprüfungen wurde festgelegt, in welcher Klasse ein Gymnasiast den Unterricht begann. Ein Drittel der Unterrichtsstunden war dem Studium der alten Sprachen und der antiken Literatur gewidmet. Im übrigen Teil ähnelte der Lehrplan dem einer Kreisschule, war aber wesentlich gründlicher, um das für den Universitätszugang erforderliche Wissensniveau zu gewährleisten. Die meisten Absolventen des Gymnasiums setzten ihren Bildungsweg tatsächlich an der Universität fort. Während das Dorpater Gouvernementsgymnasium in den 1850er-Jahren rund 200 Schüler zählte, so war ihre Zahl bis in die 1880er-Jahre auf fast 600 gestiegen. Noch um die Jahrhundertmitte gab es in der Schülerschaft nur einzelne Esten, aber in den 1880er-Jahren bildeten die Esten bereits ein Viertel aller Gymnasiasten.

Neben dem Gouvernementsgymnasium gab es in Dorpat mehrere auf Gymnasialniveau betriebene Privatschulen. Hauptsächlich lernten hier adlige Jugendliche, um sich von den zu den Unterschichten gehörenden Schülern abzugrenzen. In der estnischen Kulturgeschichte ist das 1884 vom Protagonisten der estnischen nationalen Bewegung Hugo Treffner (1845–1912) gegründete Privatgymnasium von großer Bedeutung, das zwar wie alle Dorpater Schulen deutschsprachig war, wo unter den Schülern jedoch die Esten überwogen. Aufgenommen wurden selbst diejenigen, die sonst keinen Zugang zum Gymnasium gehabt hätten, da sie entweder wirtschaftlich schlecht situiert, zu alt oder mangelhaft vorbereitet waren. Ärmere Schüler konnten ihr Schulgeld bezahlen, indem sie die Schule mit Brennholz oder Lebensmitteln versorgten, oder sich mit Haushaltsarbeiten das Schulgeld verdienen. Treffner, der das Studium an der theologischen Fakultät der Universität Dorpat absolviert hatte, engagierte sich stark für die Förderung einer eigenen estnischen Identität und des estnischen Selbstbewusstseins. So wurde die Schule ein Nährboden für die estnische Intelligenz. Unter den Alumni der Schule ist auch einer der bekanntesten estnischen Schriftsteller zu finden, Anton Hansen Tammsaare (1878–1940); der zweite Band (1929, auf Deutsch unter dem Titel *Indrek. Roman aus Estland*, 1939, Nachdruck 1980) seines fünfbändigen Großwerkes *Tõde ja õigus* (auf Deutsch *Wahrheit und Recht*) schildert die Schulzeit in Dorpat und weist ebenfalls autobiografische Züge auf, da der hier geschilderte Schuldirektor Maurus Hugo Treffner ähnelt.

Das estnische Tartu

Die Initiatoren der nationalen Bewegung der Esten waren unter Herders Einfluss aufgewachsene estophile deutsche Intellektuelle, die die Sprache und Kultur kleinerer Nationen schätzten. Diese Estophilen waren der Meinung, dass man zur Förderung einer Nation nur beiträgt, wenn man sich mit ihr in ihrer eigenen Sprache verständigt, was aber voraussetzte, dass die estnische Sprache und das Schriftgut auf ein höheres Niveau gehoben würden. Zu Beginn des 19. Jahrhunderts traten mehrere tatkräftige Pastoren deutscher Nationalität ins Amt, deren Tätigkeit den Grundstein zur Geburt des Zeitalters des nationalen Erwachens der Esten legte.

Im März 1806 gründeten die Landpastoren Gustav Adolph Oldekop und Johann Philipp von Roth in Dorpat die erste estnischsprachige Zeitung *Tarto maa rahwa Näddali-leht*. Das Blatt, das sich vornehmlich an die bäuerliche Bevölkerung richtete, befasste sich mit einer Vielzahl von Themen, indem es sich insbesondere auf ausländische Ereignisse fokussierte, die mehr als zwei Drittel des Zeitungsumfangs ausmachten. Selbstverständlich wurden am häufigsten die Kriegsereignisse in der napoleonischen Ära behandelt. Die Fähigkeit des damaligen Bauern, Auslandsnachrichten zu verstehen, mag zwar unzureichend gewesen sein, aber viel wichtiger war es, dass die Zeitung den leibeigenen Leser mit dem deutschen Stadtbürger, Beamten und Gutsbesitzer auf die gleiche Stufe stellte. Da die St. Petersburger Regierungskreise Angst vor einer möglichen napoleonischen Invasion und dadurch eventuell ausgelöste innere Unruhen hatten, wurde die Zeitung bereits im Dezember desselben Jahres vorsorglich geschlossen, ohne dass die Zeitungsherausgeber eines politischen Fehlverhaltens beschuldigt wurden. Trotz der kurzen Erscheinungsdauer der ersten Zeitung war der Weg für den estnischsprachigen Journalismus nunmehr begonnen.

Allmählich stieg die Zahl der an der Universität studierenden Esten an. Der Bildungserwerb war teuer und die praktische Bauernweisheit hielt es für eine sichere Sache, entweder Pastor oder Arzt zu werden. Diese Berufe wurden als würdig angesehen. In den Jahren 1819–1821 studierte Kristian Jaak Peterson (1801–1822) in Dorpat Theologie, doch wurde sein Studium durch den Tod an der damals unheilbaren Tuberkulose beendet. Peterson wird als Begründer der modernen estnischen Poesie angesehen. Er war einer der ersten Studenten, die ihre estnische Herkunft betonten und zur nationalen Erweckung der Esten beitrugen: „Kann nicht die Sprache dieses Landes, im Winde des Gesangs, zum Himmel aufsteigend, die Ewigkeit suchen?", schrieb er in einem seiner Gedichte. Diese Zeilen finden sich auch auf seinem Denkmal auf dem Domberg, das Peterson mit einem Wanderstock in der Hand und einem Bündel auf der Schulter zeigt: Peterson soll als armer Student zu Fuß von Dorpat zu seinem Elternhaus in Riga gelaufen sein.

Zu den deutschen Estophilen gesellten sich nun die ersten estnischen Intellektuellen, die an der Universität von Dorpat studiert hatten. Die Absolventen der medizinischen Fakultät Friedrich Robert Faehlmann (1798–1850) und Friedrich Reinhold Kreutzwald (1803–1882) begannen mit einer Sammlung der unter dem Volk kursierenden Heldenmythen, die zur Grundlage des späteren Nationalepos wurde. 1838 gründeten die estophilen Intellektuellen in Dorpat die Gelehrte Estnische Gesellschaft, deren Aufgabe es war, die Sprache, die Volksdichtung und die materielle Kultur der Esten zu erforschen. Von herausragender Bedeutung war die Veröffentlichung des estnischen Nationalepos *Kalevipoeg* (dt. *Der Sohn des Kalev*) mit deutscher Übersetzung in den Sitzungsberichten der Gesellschaft in den Jahren 1857 bis 1861. Die 1862 erschienene Volksausgabe des Epos trug wesentlich zur Herausbildung der nationalen Identität der Esten bei.

Dorpat wurde zu einem der wichtigsten Zentren der nationalen Bewegung. Initiator vieler Vorhaben des nationalen Erwachens war Johann Voldemar Jannsen (1819–1890), der zur zentralen Figur der Anfangszeit der nationalen Bewegung wurde. Jannsen stammte aus dem Landkreis Pernau an der Westküste. Als Müllerssohn verbrachte er seine Kindheit in der Mühle. Dort lernte er die den Mahlgästen eigentümliche Sprechweise kennen und erwarb einen guten Sinn für Humor. Nach Abschluss der Pfarrschule wurde der junge Mann im Haus des örtlichen Pastors aufgenommen, der ihn selbst zu unterrichten begann. Der 19-jährige Jannsen konnte fehlerfrei Deutsch schreiben, las deutschsprachige Erzählungen, spielte gut Klavier und Orgel und wurde Küster in der Kirche. Das erste große Vorhaben von Jannsen war die Gründung einer eigenen Zeitung. Die Beantragung einer Erlaubnis erforderte mehr als zehn Jahre hartnäckige Arbeit, bis 1857 in Pernau das Wochenblatt *Perno Postimees* (Pernauer Postbote) zu erscheinen begann.

Pernau blieb für Jannsens Ambitionen zu eng und 1864 zog er mit seiner Familie nach Dorpat um. Im selben Jahr gründete Jannsen die neue Zeitung *Eesti Postimees* (Estnischer Postbote) und wurde bald als ein Mann des Volkes bekannt. Es gab kein einziges größeres gemeinschaftliches Ereignis, bei dem „Papa Jannsen" nicht als Anreger, Leiter oder Unterstützer mitgemacht hätte. Eine große Hilfe bei seiner Tätigkeit leistete ihm seine Tochter Lydia, mit dem Künstlernamen Koidula. Auf Anregung der Familie Jannsen gründete man 1865 den Sing- und Spielverein *Vanemuine*, der zum Vorbild für andere ähnliche estnische Vereine wurde. Anlässlich des bevorstehenden 50. Jahrestages der Befreiung von der Leibeigenschaft beantragte der Verein die Erlaubnis, ein gesamtestnisches Sängerfest zu veranstalten, ähnlich den deutschbaltischen Sängerfesten in Riga und Reval. An dem schon erwähnten, in Dorpat vom 18. bis 20. Juni 1869 stattfindenden Sängerfest nahmen beinahe tausend Sänger und Instrumentalisten teil. Als Zuschauer waren mehr als zwanzigtausend Menschen aus verschiedenen Teilen des estnischen Sprachgebietes anwesend. Es traten nur Männerchöre auf. Eine Einladung gemischter Chöre hielt Jannsen für unsittlich und „äußerst gefährlich". Am ersten Festtag erklangen geistliche Gesänge, darunter Ludwig van Beethovens *Die Himmel rühmen des Ewigen Ehre*, am zweiten Tag sang man weltliche Chorgesänge und es erklang auch die jetzige Hymne der Republik Estland, *Mu isamaa, mu õnn ja rõõm* („Mein Vaterland, mein Glück und meine Freude") des finnischen Komponisten Fredrik Pacius, wofür „Papa Jannsen" selbst den Text verfasste. In den Pausen zwischen den Gesängen wurden vaterländische Reden gehalten.

Das Sängerfest löste eine im ganzen Land einsetzende nationale Bewegung aus. Im Jahre 1870 beschlossen etwa zehn estnische Studenten der Universität Dorpat, eine Veranstaltungsreihe zu organisieren, die unter dem Titel „Kalevipoeg-Abende" bekannt geworden ist, um das estnische Nationalepos zu lesen und sich mit der estnischen Geschichte, Kultur und Sprache zu beschäftigen. Aus diesen Abenden ist der Verein Studierender Esten (*Eesti Üliõpilaste Selts, EÜS*) – die älteste und ehrwürdigste Studentenorganisation Estlands – hervorgegangen. 1884 wurde die blau-schwarz-weiße Fahne des Vereins geweiht. Die Farben des Studentenvereins wurden bald zu den Nationalfarben. In einer Situation, wo sich der estnischsprachige Unterricht auf die Pfarrschule beschränkte, gewöhnte man sich zwangsläufig daran, sich in einer anderen Sprache auszudrücken und sogar zu denken. Daher war die Einführung der estnischen Sprache in die Kommunikation zwischen estnischen Intellektuellen ein bedeutendes Verdienst des Vereins Studierender Esten.

Die Entstehung der nationalen Bewegung fiel mit dem zwischen Russen und Deutschbalten ausgebrochenen Kampf um Macht und Einfluss in den Ostseeprovinzen zusammen. Die russische Staatsgewalt versuchte, die Esten zu ihren Verbündeten zu machen, um die bisherige deutsche Vorherrschaft durch die russische zu ersetzen. Unter dem Deckmantel der „Verteidigung der Rechte der alteingesessenen Völker" hoffte man, mit den Deutschbalten abzurechnen, um danach die Esten einer Russifizierung zu unterziehen.

Russisches Юрьев (Jurjew)

Die Regierungszeit Alexanders III. (1881–1894) führte in den Ostseeprovinzen zu gravierenden Veränderungen. Als erster Herrscher verzichtete der neue Zar auf die Bestätigung der baltischen Privilegien. Nach Ansicht des erzkonservativen Zaren sollte Russland ein homogenes Staatsgebilde sein, in dem die ethnischen Unterschiede, religiöse und sprachliche Vielfalt überwunden werden müssten. Um dieses Ziel zu erreichen, leitete Alexander III. eine radikale Russifizierungspolitik ein.

Im Jahre 1885 begann der Übergang zum russischsprachigen Unterricht in allen Schulen. In den Behörden waren alle Amtsgeschäfte auf Russisch abzuwickeln. Großfürst Wladimir, Bruder des Zaren, der 1886 Dorpat besuchte, beendete seine feierliche Rede mit den Worten: „Möge Gott Ihnen das Glück schenken, schneller und fester in die große russische Familie aufgenommen zu werden!" 1889 wurde in den Ostseeprovinzen eine landesweite Justiz- und Polizeiordnung, bald darauf auch das russische Städtegesetz eingeführt. Wie wir oben gesehen haben, führte dies nicht zu einer spürbaren Modernisierung der Macht- und Regierungsordnung, da im Land Autokratie herrschte und demokratische Freiheiten fehlten. Deutsch- und estnischsprachige Zeitungen durften weiterhin erscheinen, allerdings unter den Bedingungen einer strengen Zensur: Es war verboten, an dem politischen Regime, der Zarenfamilie und Vertretern der Staatsgewalt aller Ebenen Kritik zu üben. Auf keinen Fall durfte man von sozialen Widersprüchen reden, denn in einem Land, in dem sich die ganze Nation wie ein Mann um den orthodoxen Zaren scharte, konnte es keine Widersprüche geben.

Im Jahre 1889 erreichte die Russifizierung auch die Universität Dorpat. Die Autonomie der Universität wurde abgeschafft. Die Rektoren, Dekane und Professoren wurden nicht mehr gewählt, sondern ernannt. Die Studenten mussten wieder eine Uniform anziehen – eine grüne Uniform mit blauem Kragen. Studenten-

Abb. 16: Wer mit angehaltenem Atem über die Engelsbrücke geht, dessen Wunsch geht in Erfüllung, so heißt es noch heute.

verbindungen und Burschenschaften durften ihre Tätigkeit zwar fortsetzen, allerdings unter den immer wachsamer werdenden Augen der Polizei. 1895 ging die Universität als die letzte Bildungsanstalt der Stadt vollständig zur russischen Sprache über. Deutsch wurde als Unterrichtssprache nur an der theologischen Fakultät beibehalten. Dies bedeutete eine totale Veränderung hinsichtlich der Zusammensetzung sowohl des Lehrkörpers als auch der Studentenschaft. Ein Großteil der deutschen Professorenschaft verließ Dorpat, um ihre Arbeit an deutschen Universitäten fortzusetzen. Neue Universitätslehrer trafen aus Russland ein. Die Hälfte der neuen Professoren hatte keinen Doktorgrad und einige hatten nicht einmal den Magistergrad, von der Sprachkenntnis ganz zu schweigen.

Eine damalige Anekdote erzählt von einem aus St. Petersburg zur Universitätsinspektion eingetroffenen Bürokraten, der zusammen mit einem russischen Universitätsbeamten hinter dem Rathaus hindurch zum Domberg spazierte. Als der Mann aus der Hauptstadt unter der Engelsbrücke hindurchging, bemerkte er darauf den lateinischen Spruch *Otium reficit vires* (dt.: „Erholung gibt neue Kraft") und bat, ihm dies zu übersetzen. Sein Begleiter war zwar ebenso wenig sprachgewandt, aber nicht auf den Mund gefallen: „Rauchen verboten! Es ist ja eine Holzbrücke." – „Gut. So soll es auch sein!" – war der hohe Beamte mit dem, was auf der Brücke geschrieben stand, vollkommen zufrieden.

Zusammen mit den ausländischen Studenten verließen auch viele Deutschbalten die Universität. Dafür begann der Anteil der aus den Binnengouvernements stammenden russischen Studenten schnell zu wachsen. Um einen Mangel an Studenten zu vermeiden, begann man in Dorpat, auch Absolventen der orthodoxen Seminare aufzunehmen, deren Bildungsniveau weit unter dem der Gymnasiasten lag. In dem auf der Seite des Rathauses liegenden Flügel des Hauptgebäudes der Universität wurde eine orthodoxe Kirche erbaut, auf deren Dach ein Zwiebelturm errichtet wurde. Damit sich die Russen, die in Dorpat eingetroffen waren, um die vakant gewordenen Richter-, Beamten- und Lehrerstellen zu besetzen, heimischer fühlten, wurde 1892 in der Stadt das Krasnojarsker Infanterieregiment stationiert, für das im Stadtteil jenseits des Embachs Kasernen gebaut wurden.

Im Jahre 1893 wurde Dorpat in Jurjew umbenannt und die Universität wurde zur Kaiserlichen Universität Jurjew. Auch die Straßennamen der Stadt wurden russischsprachig. Ein Großteil davon wurde einfach übersetzt. So wurde die Gartenstraße zu *Sadovaja*, die Ritterstraße zu *Rycarskaja* und die Rathausstraße zu *Ratušnaja ulica*. Einige Straßen wurden auch umbenannt. Die ehemalige Blumenstraße trug nunmehr den Namen des russischen Dichters Vasilij Schukowski. Dies hatte seinen Grund: Er war der Verfasser des Textes der damaligen russischen Staatshymne *Gott schütze den Zaren!*, deren Singen auch in Dorpat nicht umgangen werden konnte. Ganze vier Jahre lang erschien in Jurjew weiterhin die *Neue Dörptsche Zeitung*, bis sich auch diese Zeitung für besiegt erklären musste und fortan unter dem Namen *Nordlivländische Zeitung* erschien.

Auf das kulturelle Leben der Stadt hatte die Russifizierung kaum Auswirkungen, da eine maßgebende russische Kulturelite fehlte. Infolgedessen erschien den Esten die von den staatlichen Behörden aufgezwungene Russifizierung – im Gegensatz zur Germanisierung, deren Möglichkeiten nun viel begrenzter waren – nicht allzu attraktiv. Der langzeitige Einfluss der deutschen Kultur konnte auch durch die Russifizierung nicht verdrängt werden und das deutsch geprägte Erscheinungsbild Dorpats blieb auch weiterhin bestehen.

Nikolaus II. (1894–1917), der die Reihe der russischen Herrscher beendete, war unter den Kaisern des 19. Jahrhunderts am schwächsten und farblosesten. Zunächst versuchte er, die konservative Politik seines Vaters fortzusetzen. Das neue Jahrhundert brachte jedoch Turbulenzen mit sich, die nicht nur den Kaiser entthronten, sondern auch die morschen Grundpfeiler des gesamten Reichs zerstörten.

Vom Kaiserreich zur Republik (1900–1920)

Die Zeit der Revolutionen

Trotz des Druckes der Russifizierungszeit begann in Dorpat in der zweiten Hälfte der 1890er-Jahre ein neuer nationaler Aufschwung, den die estnische Geschichtsschreibung als „Dorpater Renaissance" bezeichnet. Ihr Protagonist war Jaan Tõnisson (1868–1941?), der neben Konstantin Päts als der einflussreichste estnische Politiker in der ersten Hälfte des 20. Jahrhunderts angesehen werden kann. Tõnisson wurde als Sohn eines Landwirts in der Nähe der Stadt Fellin geboren und studierte Rechtswissenschaft an der Universität Dorpat. Als Chefredakteur der Zeitung *Postimees* (seit 1896) baute er seine Stellung als einer der führenden Publizisten des Landes aus. Er fiel durch Artikel auf, die sich für eine Stärkung des estnischen Nationalbewusstseins und gegen die Russifizierung aussprachen. Den Esten als einer kleinen Nation riet der gesetzestreue Tõnisson, von Russlands „großer Politik" Abstand zu nehmen und sich auf die Erreichung nationaler Ziele zu konzentrieren.

Im entstehenden politischen Leben Estlands konnte bereits zu Beginn des 20. Jahrhunderts zwischen den „Männern mit hehren Idealen" und den „Wirtschaftsmännern" unterschieden werden. Erstere herrschten in Dorpat, Letztere in Reval vor, was auch auf das unterschiedliche Entwicklungstempo der beiden Städte zurückzuführen war. Während in Dorpat um die Jahrhundertwende 40.000 Einwohner und in Reval 60.000 Einwohner lebten, hatte sich die Einwohnerzahl von Reval bis zum Beginn des

Weltkriegs nahezu verdoppelt, die Einwohnerzahl von Dorpat nahm zur gleichen Zeit nur um 5000 Menschen zu. Sowohl hinsichtlich der wirtschaftlichen als auch der sozialen Entwicklung geriet Dorpat gegenüber Reval immer mehr ins Hintertreffen.

Als eine neue politische Strömung gewann die sozialdemokratische Bewegung immer mehr an Stärke. In Dorpat, wo es keine zahlreiche Arbeiterschaft gab, stützte sie sich hauptsächlich auf die Studenten und die Schuljugend. Die ab 1903 in Dorpat erschienene Zeitung *Uudised* („Nachrichten") wurde zur am stärksten linksgerichteten Zeitung in Estland. Im Gegensatz zur russischen Sozialdemokratie, deren Ziel es war, das Proletariat der gesamten Welt unter der russischen Sprache und dem russischen Geist zu vereinen, hielten die estnischen Sozialdemokraten an einer nationalen Linie fest und forderten Autonomie für das estnischsprachige Gebiet innerhalb des Russischen Reichs. Von einem unabhängigen estnischen Staat sprach zu Beginn des 20. Jahrhunderts jedoch noch niemand.

Die Niederlage Russlands im Krieg mit Japan (1903–1905) trug zu einer Delegitimierung der autokratischen Herrschaft des Kaisers bei, die in der ersten Russischen Revolution von 1905 zum Ausdruck kam. Nach der gewaltsamen Auflösung einer friedlichen Demonstration mit Hunderten Toten in St. Petersburg am 9. Januar 1905 (dem „Petersburger Blutsonntag") rollte eine Welle der Unzufriedenheit durch das ganze Kaiserreich. Auch in Dorpat schlossen sich im Frühling und Sommer immer mehr Studenten der revolutionären Bewegung an. Am 17. Oktober 1905 wurde vom Zaren ein Manifest erlassen, in dem demokratische Freiheiten und die Gründung von Volksvertretungen versprochen wurden.

In paradoxer Weise begannen die radikalsten revolutionären Ereignisse eben mit diesem Manifest, das die „acht Freiheitswochen" auslöste. Im Spätherbst 1905 fanden im ganzen Land stark besuchte Versammlungen statt. Die Art der Forderungen war unterschiedlich: während auf einigen die Abschaffung der

Autokratie gefordert wurde, so beschränkte man sich auf anderen auf den Wunsch, dass in der Schule zu Mittag heißer Tee serviert wird und vor den Fenstern Gardinen aufgehängt werden. Völlig gleichgültig oder unbeteiligt hat das Jahr 1905 niemanden gelassen. Am 27. November wurde in Dorpat eine groß angelegte gesamtestnische Versammlung der Volksvertreter mit 800 Teilnehmern einberufen. Diese Versammlung wurde von vier estnischen Vereinen zusammengerufen. Jede Gemeinde schickte einen Bauernwirt und einen landlosen Bauer. Die im Saal der Bürgermusse begonnene Veranstaltung scheiterte bald an verschiedenen Kontroversen: Die radikaler Gesinnten zogen in die Universitätsaula und hielten dort ihre eigene Versammlung ab, wo sozialistische Ansichten und Aufrufe zum Sturz der Autokratie, nötigenfalls sogar mit Gewalt, dominierten. Revaler Arbeiter zogen im Dezember aufs Land, um Gutshöfe niederzubrennen, wohingegen in Dorpat alles ruhig blieb. Auf Initiative der Deutschbalten wurde in der Stadt eine Bürgerwehr gebildet, an der sich auch Esten beteiligten und die eine Eskalation der Ereignisse in der Stadt verhinderte. Die eifrigsten Revolutionäre in Dorpat waren die aus den Binnengouvernements gebürtigen russischen Studenten, die ihre Zeit damit verbrachten, von einer Agitationsversammlung zur anderen zu hetzen. Den nationalen Bestrebungen der Esten standen sie feindlich gegenüber und als die estnischen Organisationen in der Stadt einen Umzug unter der blau-schwarz-weißen Fahne veranstalteten, kam es zu einem Handgemenge mit den sie angreifenden Russen.

Die erste russische Revolution hat die Autokratie nicht gestürzt. Ende 1905/Anfang 1906 wurde die revolutionäre Bewegung mithilfe von militärischen Strafexpeditionen gewaltsam niedergeschlagen. Mehrere Zugeständnisse, zu denen die Behörden auf dem Höhepunkt der Revolution gezwungen worden waren, blieben auch in den nächsten Jahrzehnten bestehen. Vor allem bedeutete dies eine Verringerung des Russifizierungsdruckes. In den Grundschulen wurde muttersprachlicher Unterricht in den ersten zwei Schuljahren erlaubt, während die Privatschulen ihre Unterrichtssprache frei wählen durften. 1906 wurde in Dorpat mit dem Mädchengymnasium die erste Bildungseinrichtung eröffnet, in der gymnasialer Unterricht in estnischer Sprache erteilt wurde. Finanziert wurde das Gymnasium durch die auf Initiative von Jaan Tõnisson gegründete Gesellschaft zur Erziehung der estnischen Jugend. 1907 wurde in Dorpat die Estnische Literaturgesellschaft (*Eesti Kirjanduse Selts*) gegründet, um die Literatur, die Kunst und das Estnische als Wissenschaftssprache zu fördern zu fördern, und 1909 wurde von ihr und anderen Vereinen wie *Vanemuine* und *EÜS* das Estnische Nationalmuseum (*Eesti Rahva Muuseum*) eingerichtet, um das historische und kulturhistorische Erbe zu erforschen und zu bewahren.

Der kulturelle Fortschritt der Esten ließ sich auch im Dorpater Stadtbild wahrnehmen. Direkt im Stadtzentrum, am hohen Hang des Embachtals, ließ die Gesellschaft *Vanemuine* ihr prächtiges Theatergebäude vom finnischen Architekten Armas Lindgren im nationalromantischen Stil errichten. Mit der Fertigstellung im Jahre 1906 wurde *Vanemuine* das erste professionelle Theater Estlands. Sein Intendant war bis 1914 Karl Menning (1874–1941), der beim renommierten Theatererneuerer Max Reinhardt in Berlin Regie studiert hatte. Das von Lindgren projektierte Theatergebäude wurde im Zweiten Weltkrieg zerstört. Das jetzige Theatergebäude befindet sich zwar am selben Ort, aber an Lindgrens Architektur erinnert nichts mehr. In dem Gebiet zwischen Rigaer Berg und dem Bahnhof wurden noch andere mit Esten verbundene Gebäude erbaut. Lindgren entwarf auch das Verbindungshaus der estnischen Studentenvereinigung *Sakala* (1911), in dessen unmittelbarer Nähe sich bereits das vom estnischen Architekten Georg Hellat entworfene Gebäude des *Vereins Studierender Esten* (1902) befand. Auf seinem Nachbargrundstück wurde das ebenfalls von Hellat projektierte Mädchengymnasium (1915) errichtet. Kurz vor Kriegsbeginn wurde mit dem Bau der von einem anderen berühmten finnischen Architekten, Eliel

Saarinen, konzipierten modernen Jugendstilkirche für die estnische lutherische Paulusgemeinde begonnen. Der Krieg unterbrach die Bauarbeiten, sodass die Kirche erst 1919 fertiggestellt wurde. All diese Gebäude sind bis heute erhalten geblieben und erfüllen nach ihrer unzweckmäßigen Nutzung in der Sowjetzeit wieder ihre ursprüngliche Funktion.

Dorpat im Ersten Weltkrieg und während der zweiten Russischen Revolution

Der im Sommer 1914 ausgebrochene Erste Weltkrieg war schon von den ersten Kriegstagen an in Dorpat zu spüren, auch wenn die Front lange Zeit hunderte Kilometer von der Stadt entfernt blieb. Von der Mobilmachung war Dorpat insbesondere deshalb betroffen, weil sowohl Ärzte als auch Medizinstudenten unverzüglich an die Front gerufen wurden. Insgesamt wurden im Laufe des Krieges 15–20 % der männlichen Bevölkerung an die unterschiedlichen Fronten geschickt. Es stand auf dem Plan, auch die Universität nach Woronesch in Südrussland zu evakuieren, aber da die Front noch weit entfernt war, wurden nur die teuersten wissenschaftlichen Geräte und Kunstschätze weggebracht. Obwohl in den späteren Verträgen mit Russland die Rückgabe der Sammlungen vereinbart wurde, ist die Antikensammlung der Universität Dorpat noch immer in den Museen in Woronesch ausgestellt.

In wirtschaftlicher Hinsicht führte der Krieg zu einem raschen Preisanstieg: Der Brotpreis verdoppelte sich. Wegen der Kriegsaufregung begannen die Menschen, Zucker und Salz, Petroleum und Seife aufzukaufen. Die Fleischpreise hingegen sanken, da mehr Tiere als gewöhnlich verkauft wurden. Dieses Glück für das einfache Volk währte nur kurz: Im Sommer 1916 hatte sich der Fleischpreis im Vergleich zur Vorkriegszeit verfünffacht. Es wurde ein Lebensmittelkartensystem eingeführt, die Brotzuteilung betrug Ende 1916 ein Pfund (400 Gramm) pro Tag. Die Kaufkraft des russischen Rubels sank ab Kriegsbeginn bis Anfang 1917 auf ein Drittel.

Die in Russland ausgebrochene Kriegshysterie eignete sich für eine Abrechnung mit den Deutschbalten, die des Verrats und der Kollaboration mit dem Feind beschuldigt wurden. Ausnahmslos alle deutschen Vereine, Schulen und Zeitungen wurden geschlossen, das Deutschsprechen an öffentlichen Orten wurde untersagt. Längerfristig war geplant, die Gutsländereien an russische Kolonisten zu verteilen, das Land mit orthodoxen Kirchen zu übersäen, auch die Esten und Letten zum orthodoxen Glauben zu bekehren und sie zur Verwendung der russischen Sprache zu zwingen.

Im Sommer 1915 besetzten die deutschen Truppen ganz Kurland und erreichten das Rigaer Umland. Dort blieb die Front für fast zwei Jahre lang stehen. Dorpat und andere südestnische Städte füllten sich mit Kriegsflüchtlingen aus Lettland: Um ihnen zu helfen, wurde wieder auf Anregung von Jaan Tõnisson ein Nordbaltisches Komitee mit Unterausschüssen in den Landkreisen und Städten gegründet. Unter dem Deckmantel der Flüchtlingshilfe, der Unterstützung der Armee und der Aufrechterhaltung der Ordnung im Hinterland wurde das Komitee zu einem legalen Netzwerk der estnischen nationalen Kräfte, das schon recht bald benötigt wurde.

Ende Februar 1917 brach in Russland die zweite Revolution aus. Am 2. März 1917 verzichtete Kaiser Nikolaus II. auf den Thron und die Regierungsgewalt im Staat übernahm die Provisorische Regierung, die sich auf die bürgerlichen Schichten stützte und im Staat demokratische Freiheiten einführte. In Russland, wo es keine parlamentarischen Traditionen gab – die nach der Revolution von 1905 einberufene Staatsduma mit ihren begrenzten Befugnissen hatte hier wenig verändern können –, entstand eine Parallelmacht in den während der Revolution gebildeten Räten (russisch: Sowjets) aus Arbeiter- und Soldatendeputierten. Auch in Dorpat wurden die Träger der kaiserlichen Macht abgesetzt, einige von ihnen auch in Gewahrsam genommen, und es wurde ein Sowjet der Arbeiter, Soldaten und Studenten gebildet. Letzterer betrieb hauptsächlich eine antibürgerliche Agitation, indem er die eigentliche Stadtverwaltung der verhassten Bourgeoisie überließ. Zum ersten Mal wurde mit dem Apotheker Heinrich Luht ein Este Dorpater Bürgermeister.

Alle estnischen nationalen Kräfte und die im Laufe der Revolution entstandenen politischen Parteien forderten von der Provisorischen Regierung des Russischen Reichs, den Esten die größtmögliche Selbstverwaltung (Autonomie) zu gewähren. Am 30. März 1917 wurde diese auch gewährt: Das alte Gouvernement Estland (Nordestland) und der nördliche Teil des Gouvernements Livland (Südestland) wurden zu einem das gesamte Siedlungsgebiet der Esten umfassende Gouvernement vereinigt. Es wurde geleitet von einem Gouvernementskommissar, dem als Selbstverwaltungsorgan der in allgemeiner Wahl im Juni gebildete Landrat (*Maapäev*) zur Seite gestellt wurde, der seinerseits die Provinzregierung einsetzte. Da die politischen Rechte der Deutschen nach wie vor begrenzt waren, die Russen aber in den Sowjets tätig waren, ging die Macht im ganzen Land an die Esten über. In den Schulen wurde estnischsprachiger Unterricht eingeführt und die Behörden gingen zum Estnischen als Amtssprache über.

Die Unfähigkeit der russländischen Provisorischen Regierung, an der Front Erfolg zu erzielen, geschweige denn die sozialen Probleme zu lösen, die zur Revolution geführt hatten, verstärkte den Einfluss der Bolschewiki sowohl im Staat, in seinen Ostseeprovinzen als auch in Dorpat. Die bolschewistische Propaganda – mit der Parole „Frieden, Brot, Land!" – war einfach und prägnant und verrannte sich nicht in eine Diskussion darüber, wie all dies erreicht werden könne. Am 20. August 1917 fand in Dorpat die erste nachrevolutionäre *Wahl zur Stadtverordnetenversammlung* statt. 29 Sitze in der 60-köpfigen

Versammlung gingen an die Sozialisten, 14 an die bürgerlichen Parteien, und über nationale Listen wurden sieben Deutsche, vier Russen und ein Jude gewählt. Fünf *Stadtverordnete* betrachteten sich als „unparteiisch".

Zur gleichen Zeit leitete die deutsche Armee eine Offensive ein und eroberte am 22. August 1917 Riga. Am 25. Oktober 1917 führten die Bolschewiki, unterstützt von den Matrosen der baltischen Flotte, in der in Petrograd umbenannten Hauptstadt einen militärischen Staatsstreich durch. Weniger als neun Monate Demokratie in Russland waren damit beendet.

In der veränderten Situation erklärte sich der im Sommer gewählte *Maapäev* des Gouvernements Estland bis zur Einberufung der Verfassunggebenden Nationalversammlung am 15. November 1917 zum Träger der höchsten Gewalt in Estland. Dies blieb zwar eine deklarative Aussage. Die wahre Macht lag in den Händen der Bolschewiki, die den Staatsstreich organisiert hatten, und der sie unterstützenden „roten" Soldaten.

Mit billigem Populismus und geschickter Demagogie vermochten die Bolschewiki zwar die Macht zu ergreifen, aber für die Lösung jener komplexen Problemkreise, mit denen Russland konfrontiert war, hatten sie weder Kompetenz noch Kraft. Die Zusammenarbeit mit anderen politischen Parteien lehnten die Bolschewiki, die die uneingeschränkte Herrschaft anstrebten, ab und gerieten bald auch mit anderen linkssozialistischen Parteien in Streit. So bildete sich auch in Dorpat bis Anfang 1918 eine diktatorische Alleinherrschaft der örtlichen Bolschewiki heraus.

Der Weg zur Unabhängigkeit

Nach der Machtübernahme durch die Bolschewiki wurde allen politischen Parteien Estlands klar, dass es keine Hoffnung mehr auf eine Autonomie innerhalb eines demokratischen Russlands gab. Daher traf eine Versammlung von Vertretern der estnischen politischen Parteien am 31. Dezember 1917 die einstimmige Entscheidung, sich von Russland zu lösen und einen unabhängigen estnischen Staat auszurufen.

Die ersten Regierungsmonate der Bolschewiki hatten gezeigt, dass sie ihre Versprechen nicht erfüllen konnten. Das Brot wurde immer knapper, das Land wurde nicht an die Bauern verteilt – die Gutshöfe sollten in staatliche Großwirtschaften umgewandelt werden –, auch der Friedensschluss scheiterte: Am 18. Februar 1918 begannen die deutschen Truppen eine neue Generaloffensive an der Ostfront. In einer Situation, in der die Unterstützung der Bevölkerung für die Bolschewiki stetig abnahm, konnte man nur mithilfe des „roten Terrors" an der Macht bleiben. Die Wahlen zur Verfassunggebenden Nationalversammlung Estlands, die die Bolschewiki nur im Glauben an den sicheren Sieg hatten durchführen lassen, wurden gleich abgebrochen, sobald klar wurde, dass das „konterrevolutionäre Element" ein Übergewicht gewinnen könne. Die Repressalien begannen mit den Deutschbalten: Etwa 500 von ihnen wurden nach Sibirien deportiert. In all diesem Chaos wurde die Kalenderreform durchgeführt und als eines der letzten Länder Europas stellte Russland auf den gregorianischen Kalender um: Auf den 31. Januar folgte der 14. Februar 1918.

Die deutsche Offensive setzte der sowjetischen Macht ein Ende. Die russischen Truppen zogen ohne Widerstand ab. Nach Russland floh auch ein Großteil der sowjetischen Funktionsträger. Eine kurze Zeitspanne zwischen dem Abzug der „Roten" und der Ankunft der Deutschen wurde von den national gesinnten politischen Kräften ausgenutzt, die am 24. Februar 1918 in Reval die Republik Estland ausriefen.

Das Unabhängigkeitsmanifest, das „an die Völker Estlands" gerichtet war, begann mit den Worten:

> Das estnische Volk hat im Laufe von Jahrhunderten sein Streben nach Unabhängigkeit nicht verloren. Von Generation zu Genera-

tion hat es geheime Hoffnung gehegt, dass ungeachtet der finsteren Nacht der Sklaverei und Tyrannei fremder Völker in Estland wieder eine Zeit anbricht, in der ‚alle Qualen an beiden Enden in Flammen aufgehen werden' [Zitat aus dem Nationalepos *Kalevipoeg*] und Kalev einmal nach Hause kommt und seinen Kindern das Glück bringt.

Es erklärte Estland „zu einer unabhängigen demokratischen Republik".

In Dorpat wurde die vor dem bolschewistischen Staatsstreich herrschende Ordnung bereits am 20. Februar wiederhergestellt. Auf dem Rathausturm wurde anstelle der roten Fahne die blau-schwarz-weiße Flagge gehisst, und die von den Bolschewiken geschlossene Zeitung *Postimees* konnte wieder herausgegeben werden. Am 24. Februar marschierten in Dorpat deutsche Truppen ein, die die Anerkennung der jüngst gegründeten Republik Estland verweigerten. Der am 3. März 1918 zwischen dem Deutschen Reich und Sowjetrussland geschlossene Friedensvertrag von Brest-Litowsk überließ die Ostseeprovinzen formal zwar Russland, jedoch unter Kontrolle der deutschen Truppen. Die Macht in der Stadt ging an die Deutschbalten über, die die Russifizierung und die russischen Revolutionen überlebt hatten, und Deutsch wurde nach mehreren Jahrzehnten wieder Amtssprache. Die Universität beendete das akademische Jahr 1917/1918, das von umwälzenden Veränderungen geprägt war, noch russischsprachig. Im Juli und August fuhren sowohl russische Universitätslehrer als auch etwa tausend russische Studenten mit Sonderzügen nach Woronesch, wo eine neue Universität gegründet wurde.

Am 27. August 1918 gab Sowjetrussland die de facto ohnehin bereits verlorene Vorherrschaft in den Ostseeprovinzen auch de jure auf. Am 5. November 1918 wurde das Vereinigte Baltische Herzogtum unter Adolf Friedrich zu Mecklenburg proklamiert. Wenige Tage später brach in Deutschland die Revolution aus und zusammen mit dem Kaiserreich wurde auch dem Herzogtum, das in Wirklichkeit nur auf dem Papier existierte, ein Ende gesetzt. Die Unterzeichnung des Waffenstillstandes von Compiègne am 11. November 1918 beinhaltete die Annullierung des Friedensvertrages von Brest-Litowsk. Die deutschen Truppen, die sich im Baltikum befanden, sollten dort ausharren und auf Befehle der alliierten Sieger warten. Der deutsche Generalbevollmächtigte für die besetzten baltischen Länder, August Winnig, unterzeichnete am 19. November in Riga die De-facto-Anerkennung der Provisorischen Regierung der Republik Estland. Die von der Revolution ergriffenen deutschen Truppen hinderte nichts mehr daran, aus Estland in ihre Heimat zu ziehen. Die Situation wurde von der Roten Armee ausgenutzt, die am 28. November 1918 als erste estnische Stadt Narwa besetzte. Es begann der Freiheitskrieg (*Vabadussõda*) um die Unabhängigkeit der Republik Estland von Russland.

Die junge Republik hatte weder die Armee noch die Bewaffnung, um der Roten Armee entgegenzutreten. Die Wirtschaft war bereits durch den vorangegangenen Weltkrieg zerstört worden, die Mobilisierung von Freiwilligen war gescheitert und kommunistische Subversion bedrohte das Hinterland. Viele Menschen glaubten nicht, dass das kleine Estland einen erfolgreichen Krieg gegen das große Russland führen könne und dass die Erhaltung des estnischen Staates überhaupt möglich sei. Die Regierung ordnete nun eine Zwangsmobilisierung an. Zu Hilfe kamen Tausende Freiwillige aus Finnland. Von den westlichen Ländern half am meisten England, das Estland Waffenhilfe leistete und seine Flotte nach Reval schickte. In kurzer Zeit konnten für den Krieg Panzerzüge gebaut und bemannt werden. Dorpat vermochte dies nicht mehr zu retten: Am 22. Dezember marschierten die Truppen der Roten Armee aus Richtung Pleskau in die Stadt ein, ohne auf ernsthaften Widerstand zu stoßen.

Formal gehörten die eroberten Gebiete zur Estnischen Arbeiterkommune, einem von Sowjetrussland geschaffenen Marionettenstaat, dessen Zentrum sich in Narwa befand. Da während der gesamten Existenz der Kommune Kriegszustand herrschte, lag die eigentliche Macht in den Händen der Kommandeure und Kommissare der Roten Armee. Die in den eroberten Gebieten befindlichen größeren Betriebe wurden verstaatlicht und ihre Leitung Arbeiterkomitees übertragen. Kirchen wurden in Klubhäuser umgewandelt, Weihnachten wurde nicht gefeiert, wohl aber wurden am Silvesterabend unter dem Namen „Volkspredigten" bolschewistische Agitationsreden gehalten. In Dorpat gab es drei Aufführungen der aus Petrograd eingetroffenen Theatertruppe *Proletkult* und, wie es sich für die bolschewistische Zeit gehörte, einen einstimmigen Chor.

Anfang Januar 1919 rückte die Rote Armee bis auf 30 Kilometer auf Reval vor. Dann wendete sich das Schicksal: Die estnischen Truppen setzten zum Gegenangriff an und befreiten bis Anfang Februar ganz Estland. Dorpat wurde am 14. Januar nach einem Duell zwischen Panzerzügen befreit, bei dem der Panzerzug *Lenin* einen Volltreffer erhielt und sich mit dem Rest der Roten Armee zurückzog. Unmittelbar vor dem Abzug hatten die „Roten" 19 Menschen hingerichtet: Stadträte, Professoren, orthodoxe Priester und auch einige Schüler. Unter ihnen auch den Theologen Traugott Hahn, der als einer der sogenannten „baltischen Märtyrer" weit über Estland und Lettland hinaus bekannt wurde. Ein noch größerer Terror konnte durch die rasche Übernahme der Stadt jedoch verhindert werden. Eine wichtige Rolle bei der Befreiung von Dorpat kam den Partisanentrupps unter der Führung des jungen Lehrers Julius Kuperjanov zu. Den Namen Kuperjanovs trägt auch das in Südestland stationierte Infanteriebataillon der heutigen estnischen Verteidigungskräfte.

Im Frühjahr konzentrierten sich die gegen die Rote Armee ausgetragenen Kämpfe auf Südestland, wo Russland bis zu 80.000 Mann gegen Estland bereitgestellt hatte. Der Roten Armee gelang es nicht, andere estnische Städte zu erobern, aber die estnischen Truppen nahmen am 26. Mai Pleskau ein. Die

Front hatte sich weit von Dorpat entfernt, und bis zum Kriegsende bestand für die Stadt keine unmittelbare Gefahr mehr.

Im April 1919 wurde die Verfassunggebende Nationalversammlung Estlands gewählt, die das auf einer parlamentarischen Staatsordnung beruhende Grundgesetz verabschiedete und auch die Enteignung von Gutsbesitz beschloss, der in Form kleiner Parzellen an landlose Bauern verteilt wurde.

Gleichzeitig operierte im Baltikum die aus deutschen und deutschbaltischen Freiwilligen bestehende Landeswehr. Sie setzte sich im Verbund mit „weißen" russischen Einheiten für eine Wiederherstellung des russischen Kaiserreiches und ein Bündnis mit Deutschland ein. Im Juni kam es bei Wenden zu schweren Kämpfen zwischen der Landeswehr einerseits sowie estnischen und lettischen Truppen andererseits. Der 23. Juni (Johannisnacht) ist heute in Estland staatlicher Feiertag zur Erinnerung an die Schlacht von Wenden.

Im Herbst wurden die Kämpfe an der Narwaer Front im nordöstlichen Estland fortgeführt. Da die Ziele des Unabhängigkeitskrieges erreicht waren, nahm Estland ein offizielles Friedensangebot Sowjetrusslands an. Am 5. Dezember 1919 begannen in Dorpat die Friedensverhandlungen. Am 3. Januar 1920 trat der Waffenstillstand in Kraft, womit die militärischen Auseinandersetzungen zwischen Estland und Russland beendet wurden. Die Streitigkeiten hinsichtlich der Staatsgrenze dauerten jedoch länger an. Schließlich wurde sie mehr oder weniger entlang der vorherigen Frontlinie gezogen, die deutlich östlich der ehemaligen Gouvernementsgrenze zwischen Livland und Pleskau verlief. In der Nacht zum 2. Februar 1920 wurde in Dorpat der Friedensvertrag unterzeichnet.

Der Friedensvertrag von Dorpat war faktisch ein Separatfrieden, der die gemeinsame westliche Front gegen Sowjetrussland durchbrach. Der Frieden verschaffte Russland über Estland einen funktionsfähigen Kommunikationskorridor mit dem übrigen Europa und verhalf ihm auch zur Umgehung der verhängten Wirtschaftsblockade. Dies war auch der Grund, warum das kommunistische Russland solche Zugeständnisse machte. Kurzfristig war für Estland ebenso vorteilhaft, dass die Bolschewiki in Russland an der Macht blieben – die „Weißen", die mit ihnen Krieg führten, standen den Absichten der baltischen Staaten, sich von Russland zu lösen, recht feindselig gegenüber. Langfristig betrachtete Sowjetrussland den Friedensvertrag von Dorpat als durch schwierige Zeiten und Umstände aufgezwungen, der nur so lange Bestand haben sollte, bis die Zeiten und Umstände für Russland wieder günstiger werden.

In Dorpat wurde am 14. Oktober 1920 auch ein weiterer Friedensvertrag unterzeichnet – zwischen Sowjetrussland und der Republik Finnland. An der Spitze der finnischen Friedensdelegation in Dorpat stand Juho Kusti Paasikivi, der spätere Präsident Finnlands.

Dorpat zwischen den Weltkriegen

Regierung und Verwaltung

Der Friedensvertrag von Dorpat bedeutete die endgültige Lösung Estlands von Russland, das unter die Herrschaft der Bolschewiki geraten war. Dorpat, das mehrere Jahrhunderte lang nach Riga die zweitgrößte und -wichtigste Stadt im Gouvernement Livland gewesen war, wurde nun nach Reval die zweitgrößte und -wichtigste Stadt in der Republik Estland.

In den 1920er-Jahren und in der ersten Hälfte der 1930er-Jahre war Estland eine parlamentarische Republik, in der die Macht von einem 100-köpfigen Einkammerparlament (*Riigikogu*) ausgeübt wurde, das auf der Grundlage von Parteilisten gewählt wurde. Der *Riigikogu* ernannte die Regierung und ihren Leiter, den Staatsältesten, der zugleich die zeremoniellen Aufgaben des Staatsoberhaupts wahrnahm. Die Präsidenteninstitution war im damaligen Estland unbekannt. Der *Riigikogu* wurde alle drei Jahre gewählt, und jede vom *Riigikogu* ernannte Regierung wechselte während einer Legislaturperiode mindestens einmal, wenn nicht öfter. Die Historiker sind sich heute einig, dass die legislative und exekutive Macht in Estland zu stark beim Parlament lag, was zu Beginn der 1930er-Jahre zu einer politischen Krise führte. Dies ist jedoch eine nachträgliche Erkenntnis. Die Verfassunggebende Nationalversammlung Estlands (*Eesti Asutav Kogu*), die das Grundgesetz erarbeitete und verabschiedete, war streng linksorientiert; sie reagierte auf Bestrebungen, eine autoritäre Regierung mit harter Hand zu ermöglichen, äußerst allergisch.

Während die parlamentarischen Auseinandersetzungen in Estland insgesamt hauptsächlich zwischen den Sozialisten und den konservativen Agrarparteien ausgetragen wurden, so traten in Dorpat an die Stelle der Agrarparteien die liberalen Nationalisten. Der führende Politiker in Dorpat war nach wie vor Jaan Tõnisson. Die von ihm gegründete Estnische Volkspartei (*Eesti Rahvaerakond*) erfreute sich sowohl bei den Parlaments- als auch bei den Stadtratswahlen größter Popularität bei Stadtbewohnern. Die Mitglieder der Volkspartei betonten die nationale Einheit und wollten nichts von Klassenkonflikten und Klassenkampf hören, wohl aber sprachen sie von einer alternativlosen Demokratie, sozialer Gerechtigkeit und liberaler Wirtschaftspolitik. Weiterhin erschien in Dorpat unter Tõnissons Leitung die Zeitung *Postimees*, die nach dem in Reval herausgegebenen unabhängigen *Päevaleht* („Tageszeitung") die zweitwichtigste Zeitung in Estland war. Ein Anhänger von Tõnisson war auch der langjährige Bürgermeister Dorpats, der Mathematiker Karl Luik (1883–1948, im Amt 1920–1934), der als ein freundlicher und umgänglicher Bürgermeister, der einen goldenen Humor besaß, charakterisiert wurde.

Nach zwei unruhigen Jahrzehnten verlief das Leben in Dorpat in den 1920er-Jahren wieder so ruhig wie der Embach. Auch von dem von Russland am 1. Dezember 1924 organisierten Putschversuch war Dorpat nicht betroffen. Ein Stoßtrupp war zwar in Bereitschaft, da aber die Revolte in Reval unterdrückt wurde, bevor die Befehle nach Dorpat übermittelt werden konnten – ein eigenständiges Vorgehen der Bolschewiki war aber undenkbar –, hatten die Rebellen keine andere Wahl, als schnell über die Grenze zurück nach Russland zu fliehen. Im weiteren Sinne setzte der Dezemberaufstand den Sympathien für die Bolschewiki in Estland ein Ende und zeigte, dass es den Bolschewiki weniger auf die Interessen der Werktätigen als vielmehr auf die Wiederherstellung des russischen Imperiums ankam.

Die weltweite Wirtschaftskrise der frühen 1930er-Jahre entwickelte sich in Estland rasch zu einer politischen Krise. Die damalige Regierung unter der Leitung von Jaan Tõnisson beschloss, die Estnische Krone abzuwerten. Die Währungsabwertung sorgte für Unmut in der Bevölkerung. Obwohl die Zukunft zeigen sollte, dass dies die richtige Entscheidung war, wurde die Regierung zum Rücktritt gezwungen. Immer größere Stärke gewann die Bewegung der populistischen „Freiheitskämpfer" (estn. *Vabadussõjalased*, ugs. *Vapsid*). Sie forderten einen Regierungschef mit „starker Hand", der das Parlament im Zaum hält und dem ewigen „Kuhhandel" – womit sie die Parlamentsdebatten meinten – ein Ende setzt. Die Situation wurde vom amtierenden Staatsoberhaupt Konstantin Päts ausgenutzt, der im März 1934 einen Staatsstreich durchführte. Päts löste das Parlament, dessen Mitglieder man als „Kuhhändler" bezeichnete, auf, aber verhaftete auch die Führer der „Freiheitskämpfer", die das Parlament kritisiert hatten. Anschließend führte er verfassungsrechtliche Umgestaltungen durch, womit auch in Estland das Amt des Staatspräsidenten geschaffen wurde, das Päts selbst antrat.

Dorpat wurde in den 1930er-Jahren zu einem Bollwerk der estnischen politischen Opposition. Zunächst waren dies die „Freiheitskämpfer", an deren Volksversammlungen Tausende Stadtbewohner teilnahmen. Am 1. Juni 1933 „begrüßten" die „Freiheitskämpfer" den im *Vanemuine* auftretenden damaligen Staatschef Jaan Tõnisson mit Zwischenrufen, einem Pfeifkonzert und dem Werfen von Knallerbsen. Als Reaktion auf den Krawall verhängte Tõnisson den Verteidigungszustand über Dorpat und verbot den örtlichen Bund der Freiheitskämpfer. Dadurch wurde die Unterstützung für die „Freiheitskämpfer" aber eher verstärkt, da sie nun als politische Märtyrer angesehen wurden. Bei der im Januar 1934 abgehaltenen Wahl zur Stadtverordnetenversammlung von Dorpat erhielten sie 48 % der Stimmen und 32 Sitze im 65-köpfigen Stadtrat. Der Bürgermeisterposten ging ebenfalls an die „Freiheitskämpfer". Ihre Macht in der Stadt war jedoch von kurzer Dauer. Nach dem Staatsstreich von Konstantin Päts 1934 wurden den „Freiheitskämpfern" alle Abgeordnetenmandate in den Städten und auf dem Land, einschließlich Dorpat, entzogen.

Zum neuen Bürgermeister von Dorpat ernannte man den ehemaligen General Aleksander Tõnisson aus Reval, der dieses Amt bis Ende 1939 innehatte.

Im „schweigenden Zeitalter", wie die Periode der eingeschränkten politischen Freiheiten von ihren Opponenten genannt wurde, stieg Jaan Tõnisson zum Wortführer des oppositionellen Dorpater Geistes auf. Nach der Auflösung der politischen Parteien büßte Tõnisson seinen politischen Einfluss und 1935 auch die Zeitung *Postimees* ein, die die Regierung unter Berufung auf wirtschaftliche Schwierigkeiten unter staatliche Zwangsverwaltung stellte und eine neue Redaktion einsetzte. Tõnisson war einer der vier ehemaligen Staatsoberhäupter, die einen öffentlichen Brief verfassten, in dem sie die autoritäre Herrschaft von Päts scharf kritisierten und die Wiederherstellung einer demokratischen Staatsordnung forderten. Als das Parlament Ende der 1930er-Jahre wieder einberufen wurde – nun bereits in der Zweikammerform, wobei nur der 80-köpfige Staatsrat wählbar war –, wurden alle vier Abgeordnetensitze Dorpats von Oppositionsvertretern eingenommen, die im Parlament insgesamt 16 Mandate stellten. Jaan Tõnisson, der bei den Wahlen gegen den Bürgermeister Aleksander Tõnisson antrat (die beiden waren nicht verwandt), erhielt 6041 Stimmen gegenüber 1616 Stimmen für den Bürgermeister.

Heutige Historiker betrachten die zweite Hälfte der 1930er-Jahre keineswegs als eine „faschistische Diktatur", wie es die sowjetische Historiografie tat. Das „schweigende Zeitalter" wird jedoch für die Schwächung der demokratischen Traditionen verantwortlich gemacht, die der Sowjetunion bei der Zerschlagung der Unabhängigkeit Estlands zu Beginn des Zweiten Weltkriegs zugutekam.

Bevölkerung und Wirtschaft

Zwischen den beiden Weltkriegen wuchs die Bevölkerung Dorpats um ein Drittel, von 45.000 auf 60.000. Der Anteil der Esten an der Bevölkerung belief sich in der zweiten Hälfte der 1930er-Jahre bereits auf 85–90 %. Die zahlenmäßig zweitstärkste ethnische Gruppe waren immer noch die Deutschen mit rund 3000 Einwohnern. Der Anteil der Deutschen an der Stadtbevölkerung sank von 17 % am Ende des 19. Jahrhunderts auf weniger als 5 % in den 1930er-Jahren. Im Laufe der Jahrhunderte war die deutsche Gemeinschaft durch Zuwanderung aus Deutschland gewachsen. Nun hörte dieser Zustrom auf, stattdessen zogen viele Deutschbalten nach dem Ersten Weltkrieg ins Deutsche Reich. Im Stadtbild blieben die Deutschen auch zwischen den beiden Weltkriegen sichtbar. In Dorpat gab es eine deutsche Grundschule, ein deutschsprachiges städtisches Gemeinschaftsgymnasium und mehrere deutsche Privatgymnasien. In den Jahren 1917–1920 und 1925–1934 erschien in Dorpat die *Dorpater Zeitung*, die danach in *Deutsche Zeitung* umbenannt und bis 1939 herausgegeben wurde. Unmittelbar vor dem Ersten Weltkrieg leitete der Handwerkerverein den Bau eines prächtigen Jugendstil-Theaters an der Gartenstraße/Vanemuine ein, das aufgrund kriegsbedingter Verzögerungen erst 1920 fertiggestellt wurde. Unter den neuen Umständen, da sich die deutsche Stadtbevölkerung fast um die Hälfte verringert hatte, blieb das Gebäude die meiste Zeit ungenutzt. Ein eigenes professionelles Theater hatte die deutsche Gemeinde in Dorpat nicht, auf der Bühne traten Liebhabertruppen auf und es wurden Gastspiele des *Deutschen Theaters* in Reval gegeben.

Russen gab es in Dorpat etwa 2500, also etwas weniger als Deutsche. Auch sie hatten in der Stadt eine eigene Grundschule und ein Gymnasium mit russischer Unterrichtssprache. Die zahlenmäßig nächststärkste Gruppe waren die Juden, die in Estland den Status einer nationalen Minderheit innehatten und deren

Zahl sich auf etwa 1000 belief. In Dorpat gab es eine Akademische Gesellschaft für jüdische Geschichte und Literatur, zwei jüdische Studentenverbindungen – *Limuvia* und *Hasmonaea* – und die Sportvereinigung *Makkabi*. Die Dorpater Juden hatten eine eigene Grundschule und ein eigenes Gymnasium. In der Turu-Straße befand sich die größte Synagoge Estlands. Während des Zweiten Weltkriegs stand das Gebäude leer, bis es von der einmarschierenden Roten Armee 1944 zerstört wurde.

Eine Großindustrie entstand in Dorpat auch in der Zwischenkriegszeit nicht. Das modernste Unternehmen der Stadt war die hauptsächlich auf dem schwedischen Kapital von *Ericsson* beruhende Dorpater Telefonfabrik, die auch moderne Rundfunkempfänger herstellte und ein halbes Hundert Arbeiter beschäftigte. Dennoch zeichneten sich die Dorpater Unternehmen durch ein großes Exportvolumen aus. Die Kammfabrik *Estico*, die Kasein als Rohstoff verwendete, führte 90 % ihrer Produktion aus Estland aus. Reißenden Absatz fanden auch die in der Dorpater Aluminiumfabrik hergestellten billigen Löffel. In vierundzwanzig Stunden wurden mehr als 60.000 davon hergestellt, also ein Löffel pro Stadtbewohner täglich. Der Griff der nach Indien exportierten Löffel wurde mit der Abbildung eines Elefanten verziert – dadurch ließ sich die Ware besser absetzen. Das größte städtische Unternehmen war das Exportschlachthaus, das den englischen Frühstückstisch mit estnischem Bacon versorgte. Eine ungewöhnliche Kombination war die bei der Hefefabrik eingerichtete Wasserheilanstalt, in der Hefemaische zur Behandlung von Arthritis eingesetzt wurde. Es reisten auch Gichtkranke aus dem Ausland an, um bei den Erzeugnissen der Dorpater Hefefabrik Hilfe zu suchen.

Das populärste Handelsunternehmen Dorpats war das von Mart Jänes (1869–1933) gegründete Bekleidungsgeschäft. Jänes hatte zwar recht wenig Schulbildung genossen, aber dafür hatte er viel Geschäftssinn. Er war der erste Este, der bereits in der Zarenzeit sein kleines Geschäft im prächtigen, mit mehr als 120 Säulen

Abb. 17: Der Kaufhof am Embachufer.

geschmückten – und im Zweiten Weltkrieg zerstörten – Kaufhof in Dorpat eröffnete und bald die Konkurrenz der Deutschen und Russen zu verdrängen vermochte. Das Geschäftsmotto von Jänes war ein respektvoller Umgang mit den Kunden, der sich auch auf die estnische Landbevölkerung erstreckte. Während es allgemein üblich war, die Landleute als letzte Kunden zu bedienen, so reichte Jänes dem Bauern die Hand, nannte ihn „Herrn" und unterhielt sich mit ihm freundlich in seiner eigenen Sprache. In den 1930er-Jahren war das Kaufhaus von Jänes zum größten Bekleidungsunternehmen von Finnland bis Polen herangewachsen. Zum Geschäft gehörte auch eine eigene Schneiderei. Außerdem gab Jänes seine eigenen Volkskalender heraus, die sich mit einer Auflage von über 100.000 Exemplaren einer außerordentlichen Popularität erfreuten und neben einer unterhaltsamen Lektüre auch reichlich Werbung für Jänes' eigene Geschäfte enthielten.

Das Dorpater Wirtschaftsleben wurde durch die jährlichen gesamtestnischen Landwirtschaftsausstellungen belebt, die im Stadtteil Veeriku auf einem eigens dafür errichteten Ausstellungsgelände stattfanden. Hinsichtlich der Besucherzahlen wetteiferten sie mit den Sängerfesten. Es wurden Sonderzüge eingesetzt, um die Menschen herbeizubringen, Vorlesungen gehalten und Fachwettbewerbe veranstaltet. Die Ausstellung wurde oft durch den Besuch des Staatsoberhaupts geehrt und auch Präsident Päts versäumte es nicht, daran teilzunehmen.

Die schönste Stadt in Estland

„Die schönste Stadt in Estland ist Tartu" – mit diesen Worten beginnt der *Tartuer Marsch*, der 1943 von einem der erfolgreichsten estnischen Komponisten und Unterhaltungsmusiker Raimond Valgre (1913–1949) komponiert wurde und als „Leibcantus" der Stadt gilt. Valgre war 1941 zur Roten Armee eingezogen worden und wusste während der Komposition des Liedes noch nicht, dass zu dieser Zeit bereits ein Viertel von Dorpat im Krieg zerstört worden war. Als Valgre in seine Heimat zurückkehrte, hatte sich nur die Hälfte der „schönsten Stadt Estlands" erhalten, die andere Hälfte lag in Trümmern.

Tatsächlich war das Dorpater Stadtzentrum zur Zeit der Ausrufung der Republik Estland in seiner ganzen klassizistischen Pracht vollendet. Als der junge Arnold Matteus (1897–1986), der an der Technischen Hochschule Karlsruhe Architektur studiert hatte, 1926 zum Stadtarchitekten gewählt wurde, habe er gesagt, dass die Stadt keinen Baumeister, sondern einen Sanitäter brauche, der die Ufer des Flusses Emajõgi von den dort angesammelten Abfällen, Buden und offenen Marktplätzen säubert und die stinkenden Hinterhöfe des Stadtzentrums in Ordnung bringt. Matteus, der etwa zehn Jahre sein Amt ausübte, gelang es, Dorpat in einen ordentlichen, einer Universitätsstadt würdigen Zustand zu bringen. In der zweiten Hälfte der 1930er-Jahre duftete Dorpat nach Blumen, Kaffee und frischem Gebäck.

Die auffälligsten Neubauten im Stadtzentrum wurden ebenfalls in der zweiten Hälfte der 1930er-Jahre fertiggestellt. Auf dem Rigaer Berg ragte der Anbau des *Vanemuine* (1939) auf, der einen neuen, weitaus größeren Theatersaal beherbergte. Der alte Gebäudeteil wurde nun in einen Konzertsaal umgewandelt. Das Projekt für den Anbau entwarf Matteus, dem nach allgemeiner Meinung eine Kombination von Alt und Neu sehr gut gelungen war. Heutzutage können wir dies nicht mehr beurteilen, wohl aber ist am Ufer des Embachs das für seine Zeit recht moderne Marktgebäude (1938) erhalten geblieben, das vom Stadtarchitekten Voldemar Tippel, der Matteus in seinem Amt folgte, entworfen wurde. Zu den besten Werken von Matteus, der weiterhin als freischaffender Künstler arbeitete, gehören aus dieser Zeit das Gebäude der Bank von Estland (1935, heute Ministerium für Bildung und Wissenschaft) am Ufer des Embachs und das Gebäude der studentischen Verbindung *Ugala* in der Kuperjanov-Straße (1939).

In Dorpat wurden die ersten architektonisch geplanten Gartenstädte Estlands angelegt. Zwischen Maarjamõisa (ehemals Rittergut Marienhof) und der Eisenbahn nach Walk/Valga entstand der Stadtteil Tammelinn. Der Architekt Edgar Johan Kuusik entwarf drei geschwungene Straßen (Suur-Kaar, Kesk-Kaar und Väike-Kaar); spaziert man diese Straßen entlang, so eröffnen sich immer wieder neue Ausblicke, die die Gartenstadt von den quadratischen Vierteln des Stadtzentrums unterscheiden. In den 1930er-Jahren begann man mit dem Anlegen des Stadtteils Tähtvere auf dem zwischen dem Domberg und der Eisenbahn nach Reval gelegenen Gelände, wo das strahlenförmig verzweigte Straßennetz durch die bogenförmige Vikerkaare-Straße abgeschlossen wird. Während im Stadtteil Tammelinn im späten Jugendstil errichtete Heimatstilvillen mit hohen Walmdächern dominierten, so herrschte in Tähtvere bereits der Funktionalismus mit zweigeschossigen Privathäusern vor.

Aleksander Tõnisson, der 1934 Bürgermeister wurde, legte ebenfalls großen Wert auf den ordentlichen Zustand der Stadt.

Der ehemalige General hielt an seinen alten Prinzipien fest: Die Stadt musste durch Ordnung und Sauberkeit glänzen. Der Bürgermeister nutzte jede Gelegenheit, um auf jedem dafür geeigneten Platz Gras zu säen und Blumen zu pflanzen. Die zu seiner Zeit angelegten Alleen am Ufer des Embachs, die flussaufwärts der ehemaligen Steinbrücke errichtet wurden, schmücken noch heute die Stadt.

Da die Steinbrücke für den stetig zunehmenden Autoverkehr zu eng wurde – an den Enden der Brücke mussten Verkehrspolizisten eingesetzt werden, um den Verkehr abwechselnd jeweils in einer Richtung überqueren zu lassen –, wurde 1926 stromaufwärts der Steinbrücke die Freiheitsbrücke aus Stahlbeton erbaut. Stromabwärts der Steinbrücke blieb die Holzbrücke erhalten, und auch die Fährleute, die die Stadtbewohner gegen ein geringes Entgelt mit dem Boot von einem Ufer zum anderen brachten, büßten nicht ihren Verdienst ein.

Akademischer Dorpater Geist

In den Anfangszeiten der Republik Estland hatten die Dorpater Einwohner guten Grund, sich über die Einwohner von Reval lustig zu machen: Reval sei zwar die Hauptstadt, aber Dorpat sei hingegen eine Kopfstadt. Die Zahl der mit dem geistigen Leben verbundenen Einrichtungen war im damaligen Dorpat tatsächlich beeindruckend: die einzige Universität Estlands, zu der 1938 die Estnische Akademie der Wissenschaften hinzukam, zahlreiche wissenschaftliche Gesellschaften – die Gelehrte Estnische Gesellschaft, die Estnische Naturforschergesellschaft, die Estnische Literaturgesellschaft – wenn man nur die ältesten und ehrwürdigsten aufzählt, und auch der Estnische Schriftstellerverband (*Eesti Kirjanike Liit*). In Dorpat befanden sich das Estnische Nationalmuseum und das Staatsarchiv. Hier hatten die wichtigsten Verlage und Druckereien Estlands ihren Sitz sowie das Theater *Vanemuine*, dessen Repertoire von Dramen bis zum Ballett reichte. Zur Vorbereitung auf das Universitätsstudium dienten mehrere Gymnasien, von denen das Treffner'sche Privatgymnasium am renommiertesten war. Wie bereits erwähnt, hatten auch Deutsche, Russen und Juden in Dorpat eine Grundschule und ein Gymnasium, wo in ihrer eigenen Sprache – an den jüdischen Schulen zunächst in Jiddisch, später in Hebräisch – unterrichtet wurde.

In den 1920er-Jahren stagnierte das Theaterleben in Dorpat. Das Gebäude des Deutschen Theaters stand leer. Im *Vanemuine* wurden hauptsächlich unterhaltsame Operetten aufgeführt. Nach einem Leitungswechsel in der zweiten Hälfte der 1930er-Jahre begann das Niveau des Theaters wieder anzusteigen und die Besucherzahlen nahmen zu. Auch die Fertigstellung des Anbaus bot größere Möglichkeiten.

In allen anderen kulturellen Bereichen hielt Dorpat mit Reval Schritt oder überholte es sogar etwas. Die höhere Kunstschule *Pallas*, die von den führenden Akteuren der damaligen bildenden Kunst – den Malern Konrad Mägi (1878–1925), Ado Vabbe (1892–1961) und dem Bildhauer Anton Starkopf (1889–1966) – geleitet wurde, legte der gesamten estnischen Kunstszene ein starkes Fundament. Der berühmteste Absolvent von *Pallas* war der estnische Grafiker Eduard Viiralt (1898–1954), der den größten Teil seiner künstlerischen Karriere in Paris verbrachte. Das damalige Werk der *Pallas*-Künstler war stark vom deutschen Expressionismus beeinflusst, zu dem sich allmählich auch Einflüsse des Futurismus und der abstrakten Kunst gesellten.

Im literarischen Leben Dorpats erregte Ende der 1930er-Jahre die Gruppe *Arbujad* (Betti Alver, Uku Masing, Bernard Kangro u. a.) Aufmerksamkeit, die nach dem Titel einer 1938 veröffentlichten Gedichtanthologie benannt wurde. Gemeinsam war allen Mitgliedern die Bestrebung, zu einem tieferen geistigen und emotionalen Spannungszustand vorzudringen. Die Lyriker betonten die Freiheit und Unabhängigkeit des Menschen und wehrten sich gegen ideologische Zwangsvereinnahmung und totalitäres Gedankengut.

Die zentrale Figur im Dorpater Musikleben war Heino Eller (1887–1970). Während seiner Zeit als Hochschullehrer an der Höheren Musikschule prägte er die sogenannte „Dorpater Kompositionsschule". Die von Eller komponierte *Kodumaine viis* („Heimatliche Melodie") (1918/1953) ist eines der populärsten estnischen symphonischen Werke. Der namhafteste Schüler Ellers war Eduard Tubin (1905–1982), der in den 1930er-Jahren das Orchester von *Vanemuine* dirigierte und die Musik für das erste estnische Ballett *Kratt*, komponierte, das 1943 ebenfalls im *Vanemuine* uraufgeführt wurde.

Der Grundpfeiler des intellektuellen Lebens in Dorpat war weiterhin die Universität. Nach den durch Revolution und Krieg verursachten Wirren nahm die Universität Dorpat am 1. Dezember 1919 ihre Tätigkeit in estnischer Sprache wieder auf. Dies war eine sehr mutige Entscheidung, da Estnisch als Wissenschaftssprache noch in den Kinderschuhen steckte. Als Johan Kõpp (1874–1970), Professor für Praktische Theologie, im Januar 1917 seine Antrittsvorlesung hielt, war dies die erste Vorlesung eines Professors in estnischer Sprache in der Geschichte der Universität Dorpat. Die Gründung der estnischsprachigen Universität wurde von Peeter Põld organisiert, einem studierten Theologen, der sein Amt als Bildungsminister aufgab, als er zum Kurator der Universität ernannt wurde, und der ein Jahrzehnt zuvor das erste estnischsprachige Gymnasium gegründet hatte. Nun musste die gleiche Arbeit auf einer viel höheren und komplexeren Ebene durchgeführt werden. Ludvig Puusepp, ein estnischer Neurochirurg und einer der wenigen international anerkannten Professoren an der Universität, konnte zwar in fünf Sprachen dozieren, aber nicht in Estnisch, einer Sprache, in der er bis zu seiner Ankunft in Dorpat nicht die geringste wissenschaftliche Praxis hatte. Bis in die späten 1920er-Jahre wurden daher einige Vorlesungen dennoch in deutscher oder russischer Sprache gehalten, derer die damaligen Studenten kundig waren. Im Jahre 1932, als die Universität ihr 300-jähriges Bestehen feierte, war man bereits vollständig zur estnischen Unterrichtssprache übergegangen.

Es war verständlich, dass man an der Universität Dorpat mehr Aufmerksamkeit der Erforschung und dem Unterricht der estnischen Sprache, Geschichte und Kultur zuwenden musste. Große Verdienste auf diesem Gebiet hatten die eingeladenen Professoren und Wissenschaftler – aus Finnland der Historiker Arno Rafael Cederberg, der Altertumskundler Aarne Michaël Tallgren, der Linguist Lauri Kettunen und der Ethnologe Ilmari Manninen sowie der Kunsthistoriker Sten Karling aus Schweden –, die den Grundstein zur akademischen Forschung im Bereich der Archäologie und Volkskunde in Estland legten.

Die Republik Estland gewährte der Universität Dorpat akademische Autonomie: Das Bildungsministerium hatte zwar das Recht, die Finanzen der Universität zu kontrollieren, nicht aber ihre Lehr- und Forschungstätigkeit. Der erste Rektor der estnischsprachigen Universität war in den Jahren 1920–1928 der Medizinprofessor Heinrich Koppel. In den ersten Jahrzehnten des Jahrhunderts war Koppel an der Führung mehrerer estnischer nationaler Vereine beteiligt. Als Universitätsleiter war es sein Stil, alle Angelegenheiten ausführlich zu erörtern, weshalb sich die von ihm geleiteten Sitzungen in die Länge zogen. Koppel hatte auch die Finanzen der Universität fest im Griff: Alle Ausgaben wurden sorgfältig geprüft. Koppels Nachfolger in den Jahren 1928–1937 war der Theologe Johan Kõpp, der für drei Amtszeiten gewählt wurde, was von der großen Wertschätzung zeugt, die er an der Universität genoss. Wenn man im Hauptgebäude dem Rektor begegnete, habe man alle Gespräche beendet und ehrerbietig eine aufrechte Haltung angenommen. Nach seinem Ausscheiden aus dem Amt des Rektors wurde Kõpp zum Bischof der Estnischen Evangelisch-Lutherischen Kirche gewählt. Die Rektorenreihe beendete 1938–1940 Hugo Kaho, ein Naturwissenschaftler, der vom Präsidenten in sein Amt eingesetzt wurde. Kahos Rektorat fiel in eine schwierige Zeit, in der die Regierung begonnen hatte, die Entscheidungsbefugnisse der Universität zu beschneiden und die oppositionelle Intelligenz in Bedrängnis zu bringen.

Die Studentenzahl stieg bis Mitte der 1920er-Jahre auf 4500–5000 an und sank dann wieder auf 2500–3000. Die alten Vereine und Korporationen setzten ihre Tätigkeit fort, aber es wurden auch neue Verbindungen wie etwa die Damenkorporationen *Filia Patriae*, *Indla* und *Amicitia* gegründet. Auch deutschbaltische Studentinnen gründeten eine eigene Damenkorporation.

Das intellektuelle Leben in Dorpat wäre nicht ohne Cafés denkbar gewesen. Das renommierteste Café der Stadt war die 1895 gegründete Wiener Konditorei von Johannes Werner. Zu „Werners" Beliebtheit trug auch seine günstige Lage zwischen dem Hauptgebäude der Universität und dem Rathaus bei. Morgens waren die ersten Kunden die „Kaffeetanten" – die Hausfrauen –, mittags kamen Kunstschaffende, gegen 14 Uhr Professoren samt ihren Jüngern – es war auch üblich, im „Werner" Prüfungen abzulegen –, gefolgt von Geschäftsleuten und Anwälten. Gegen fünf Uhr traf die Bohème zur zweiten Kaffeerunde ein. Der Schriftsteller Friedebert Tuglas gab die Literaturzeitschrift *Looming* meistens an einem Tisch im „Werners" heraus, hierher war auch seine Post adressiert. Im Hinterzimmer gab es Schachtische für Interessierte, und im Foyer lagen ausländische Zeitungen und Journale in mehreren Sprachen aus. Das „Werner" wird auch heute am gleichen Ort betrieben. Torten und Gebäck sind weiterhin hervorragend, aber es herrscht eine ganz andere Atmosphäre.

Der Zweite Weltkrieg

Die sowjetische Annexion

Das künftige Schicksal Estlands wurde durch den am 23. August 1939 zwischen der Sowjetunion und dem Deutschen Reich unterzeichneten Nichtangriffspakt bestimmt, dessen geheimes Zusatzprotokoll Estland in die sowjetische Interessenzone einordnete. Mit dem deutschen Überfall auf Polen am 1. September 1939 und mit dem am 17. September folgenden sowjetischen Einmarsch in Polen begann der Zweite Weltkrieg. Die Russen beschuldigten Estland der Neutralitätsverletzung, wobei sie sich dabei auf die Flucht des in Reval internierten polnischen U-Boots *Orzel* beriefen und „zum Schutz ihrer Sicherheit" forderten, dass in Estland Militärbasen der Roten Armee errichtet werden sollten. Gleiche Forderungen stellte Stalin an Lettland und Litauen und ließ die Rote Armee an den Grenzen der baltischen Staaten aufmarschieren. Über Dorpat sah man mit roten Sternen gekennzeichnete sowjetische Kriegsflugzeuge ungehindert kreisen. Der am 28. September 1939 unterzeichnete sog. „Basenvertrag" brachte 25.000 Rotarmisten nach Estland, die vor allem auf den westestnischen Inseln und in Nordwestestland stationiert wurden.

Hand in Hand mit dem Einzug der Rotarmisten begann die „Umsiedlung" der Deutschbalten aus Estland, die Hitlers Ruf „Heim ins Reich" Folge leisteten. Von Oktober bis Dezember verließen 14.000 Personen Estland. Formal war für jeden die Entscheidung über die Umsiedlung freiwillig. Eine groß angelegte Drohkampagne sorgte jedoch dafür, dass die meisten dem sogenannten „Ruf des Führers" folgten. Bei einer Nachumsiedlung Anfang 1941 folgten noch einige Tausend Menschen. In der Propaganda wurde von „Rückkehr" gesprochen, obwohl die Vorfahren der Deutschen seit Jahrhunderten im Baltikum ansässig waren und in den zur Ansiedlung vorgesehenen Gebieten (Reichsgau Danzig-Westpreußen und Reichsgau Wartheland) niemals gelebt hatten. Damit wurde ein Schlussstrich unter mehr als 700 Jahre deutscher Kultur in Dorpat sowie im ganzen Baltikum gezogen. Ein Teil der Esten begrüßte den Aufbruch der Deutschen mit Freude, aber es gab auch viele, die die Geschehnisse mit großer Sorge beobachteten und in dem Einrücken der sowjetischen Truppen und dem Fortgang der Deutschen die Hintergründe einer Abmachung zwischen Stalin und Hitler ahnten, die für Estland nichts Gutes verhieß. Dies wurde auch durch den russischen Angriff auf Finnland bestätigt. Der Krieg war in greifbare Nähe gerückt und weitete sich auch in anderen Teilen Europas aus.

Am 14. Juni 1940 kapitulierte Paris. In einer Situation, wo die Aufmerksamkeit Europas der Westfront zugewandt war, konzentrierte die Sowjetunion an den Grenzen Estlands, Lettlands und Litauens fast eine halbe Million Rotarmisten zur endgültigen Besetzung der baltischen Staaten. Es folgte ein Ultimatum, in dem der Einmarsch „von zusätzlichen Truppen in ausreichender Menge" gefordert wurde. Bis heute streiten sich die Historiker darüber, ob Estland militärischen Widerstand hätte leisten müssen, denn die „stumme Unterwerfung", wie die folgenden Ereignisse genannt werden, war äußerst demütigend. Und bis heute wird beispielsweise in Russland weiterhin von einer angeblich „freiwilligen Vereinigung" mit der unter Stalins Diktatur und Armut leidenden Sowjetunion gesprochen.

Am 17. Juni 1940 marschierte die Rote Armee in Estland ein. Am 21. Juni fand eine „Demonstration der Werktätigen" statt, die in der späteren sowjetischen Geschichtsschreibung als „sozialistische Revolution" bezeichnet wurde. Auch auf dem Dorpater Rathausplatz versammelten sich Demonstranten. In den Memoiren des damaligen *Postimees*-Journalisten Arno Raag wird das Gesehene wie folgt beschrieben:

> In dem Umzug war ein kleiner Lastwagen mit abgenommenen Bordwänden eingesetzt worden. Er wurde vor dem Rathaus aufgestellt und eine Handvoll Demonstranten versammelte sich mit ihren Transparenten um ihn herum. Die Karosserie des Wagens diente als Rednerpult. Drei oder vier Arbeiter waren auf dem Baugerüst tätig. Bevor der Redner vom Lastwagen mit seiner Rede begann, rief einer der Demonstranten den Männern auf dem Gerüst zu:
> ‚Warum seid ihr dort und kommt nicht zu uns? Euer Platz ist jetzt hier!'
> Die Antwort vom Baugerüst: ‚Wir werden euch mit unseren mit Farbe befleckten Kleidern beschmutzen!'
> Agitator: ‚Ein ehrlicher Arbeiter beschmutzt nie jemanden. Jeder, der jetzt nicht zu den Werktätigen kommt, um an der Demonstration teilzunehmen, ist ein Verräter an den Werktätigen! Kommt gleich!'
> Die Antwort vom Schatten des Baugerüsts: ‚Verpiss dich!'

Bereits am Abend wurde die Redaktion des *Postimees* übernommen, „damit die Zeitung von heute richtige Informationen liefert". Als Raag nach Mitternacht die Redaktion verließ, sah er auf dem Heimweg, dass das Haus des *Vereins Studierender Esten* bereits von den Rotarmisten besetzt war, die auf den im Flur aufgestellten Feldbetten lagen. Auf dem Dach des angrenzenden Mädchengymnasiums war aber ein schweres Maschinengewehr aufgestellt. Die „sozialistische Revolution" in Dorpat hatte gesiegt.

Hals über Kopf wurden Wahlen zum neuen Staatsrat abgehalten, bei denen die neue Regierung von der *Union der Werktätigen* vertreten wurde, die als die einzige Liste zu den Wahlen zugelassen wurde. Gegenkandidaten gab es nicht. In den Wahllokalen hatten die Rotarmisten Wachdienst. Das Wahlergebnis wurde noch vor dem Ende der Abstimmung bekannt gegeben. Am 21. Juli 1940 erklärte die neu gewählte Volksvertretung Estland zu einer sozialistischen Sowjetrepublik. In der früheren Wahlpropaganda war der Beitritt zur Sowjetunion mit keinem einzigen Wort erwähnt worden. Am 6. August erfüllte der in gleicher Weise gewählte Oberste Sowjet der Sowjetunion unter den wachsamen Augen Stalins die „uralte Hoffnung und den innigen Wunsch" des estnischen Volkes, sich dem „brüderlichen russischen Volk" anzuschließen. Damit war die Annexion Estlands abgeschlossen.

Woher kamen die Leute, auf die sich die neue Macht stützte? Es gab einige naive Menschen, die glaubten, dass nach dem „schweigenden Zeitalter" von Päts eine echte Volksdemokratie entstanden sei. Sowohl Lenin als auch Stalin benannten diese Leute treffend „nützliche Idioten". Es gab diejenigen, die zum ersten Mal in ihrem Leben Zugang zu Macht und öffentlicher Aufmerksamkeit erlangt hatten, um sich nun an all jenen zu rächen, die dies zuvor verhindert hatten. Und stets gab es diejenigen, die immer „mit dem Strom schwammen" und über Nacht von Blau-Schwarz-Weiß zu Rot wurden. Der Schriftsteller Mart Raud aus Dorpat, der unter der „Cliquenregierung" wegen Scheckbetrugs mehrere Jahre im Gefängnis gesessen hatte, schloss sich auf Anhieb den Anhängern des neuen Regimes an und begann, ein Theaterstück über den „Aufstand" vom 21. Juni zu schreiben.

In einem ersten Schritt enteigneten die sowjetischen Behörden das Privateigentum, von den Banken und Großunternehmen bis hin zu den Cafés, Kinos und größeren Wohnhäusern. Der Rubel wurde Zahlungsmittel und anstelle des bisherigen Wechselkurses von 10 bis 15 Rubel für eine Krone wurde er nun mit einem Kurs von 1,25 Rubel für eine Krone umgetauscht. Auf diese Weise wurden auch die arbeitenden Klassen, die kein Privateigentum besaßen, bestohlen. Es wurden sofort Vergeltungsmaßnahmen eingeleitet, um jeden möglichen Widerstand zu unterdrücken. Zunächst verschwand die politische, wirtschaftliche und kulturelle Elite. Allmählich wurden die Repressalien auf alle Bevölkerungsschichten ausgedehnt. Die erste große Deportation fand am 14. Juni 1941 statt. Mehr als 9000 Menschen, 630 davon aus Dorpat, wurden nach Sibirien verschleppt. Mitten in der Nacht oder in den frühen Morgenstunden wurde in die Häuser eingedrungen. Man gab den Menschen eine Stunde Zeit, um ihre Habseligkeiten einzupacken, wobei man so viel mitnehmen durfte, wie man in der Hand tragen konnte. Die Deportierten wurden in Autos zum Bahnhof gebracht, wo Güterwaggons mit vergitterten Fenstern auf sie erwarteten. Erst jetzt stellte sich heraus, dass die Familien auseinandergerissen werden – die Männer wurden getrennt von Frauen und Kindern in anderen Waggons untergebracht. Ein Drittel der nach Sibirien Deportierten waren Kinder bis 14 Jahre. Wenn die am Kriegsende ins freie Schweden geflohenen Esten von der Deportation erzählten, stießen sie auf eine überraschte Frage: „Aber warum habt ihr nicht die Polizei angerufen?"

Unter deutscher Besatzung

Die Nachricht vom am 22. Juni 1941 begonnenen Krieg zwischen Hitlerdeutschland und dem stalinistischen Russland wurde eine Woche nach der Deportation mit freudiger Aufregung begrüßt. Viele zogen aus der Stadt aufs Land, um sich zu verstecken, bis die Front an ihnen vorübergezogen wäre. Das Tempo des deutschen Vormarsches ließ vermuten, dass es nicht mehr lange dauern würde. Hatten die Deutschen 18 Tage gebraucht, um von Ostpreußen aus Dorpat zu erreichen, blieb die Front nun fast ebenso lange am Embach stehen, was für die Stadt nichts Gutes bedeutete.

Am frühen Morgen des 9. Juli sprengten die Russen die Steinbrücke, am nächsten Tag auch die Freiheitsbrücke und zogen sich auf das nördliche Flussufer zurück, von wo sie das Stadtzentrum unter Artilleriebeschuss nahmen. Vor ihrem Abzug töteten die Roten im Dorpater Gefängnis 192 Gefangene, über die aus Zeitmangel kein Gerichtsurteil gefällt werden konnte. Zwei Tage lang wehten in der Dorpater Innenstadt, die unter der Kontrolle der von Mitgliedern des Verteidigungsbundes (*Kaitseliit*) und sog. Waldbrüdern gebildeten estnischen Truppen war, wieder die blau-schwarz-weißen Fahnen, bevor die deutschen Truppen einmarschierten.

Die Front stand zwei Wochen lang am Embach. Russischer Artilleriebeschuss zerstörte etwa ein Viertel der Bebauung des Stadtzentrums. Ein paar Hundert Opfer gab es auch unter der Zivilbevölkerung. Erst nach dem Eintreffen zusätzlicher Truppen gelang es den Deutschen, die russische Verteidigung zu durchbrechen. Bis zum 25. Juli 1941 war ganz Dorpat in deutscher Hand. Die am 29. Juli auf dem Rathausplatz abgehaltene Parade blieb für die estnischen Truppen die letzte. Der deutsche Feldkommandant bedankte sich bei den Kämpfern, indem er ihnen gleichzeitig befahl, ihre Waffen niederzulegen.

Die deutschen Besatzungsbehörden erkannten die Republik Estland weder an noch stellten sie sie als Marionettenstaat wieder her. Das besetzte Estland gehörte als Generalkommissariat Estland zum Reichskommissariat Ostland. Im Präsidentenschloss auf dem Revaler Domberg richtete sich Generalkommissar Karl Siegmund Litzmann ein. In Estland verwendete er zwar die Namensform Lietzmann, was ihn aber nicht vor Spott und Hohn der Esten rettete: „lits" bedeutet auf Estnisch Hure. Unter der Oberhoheit und Kontrolle des Generalkommissars fungierte die landeseigene Verwaltung der Esten, an deren Spitze der erste Landesdirektor Hjalmar Mäe stand, ein ehemals zweitrangiger Kommunalpolitiker, der in der Bevölkerung kein hohes Ansehen genoss. Mäes politische Agenda lautete zusammenfassend so: Die estnischen Staatschefs mit ihrer englischen Orientierung hatten das estnische Volk unter die Macht der Roten gebracht, von der es nun durch den „Führer Großdeutschlands" unter großen Opfern gerettet worden sei. Nicht umsonst nannten die Menschen damals den auf 32 % verdünnten Standardwodka „Mäe silmavesi" („Mäe's Tränen"). Stalin und Hitler wurden gleichermaßen verspottet und die deutsche Besatzung wurde so betrachtet, dass man von der Herrschaft eines Diktators unter die des anderen übergewechselt war.

Der Rathausplatz in Dorpat wurde in Adolf-Hitler-Platz umbenannt. In das Hauptgebäude der Universität zog die Feldkommandantur ein. Die Nutzung einer Gebäudehälfte blieb zwar der Universität vorbehalten, aber da der Haupteingang besetzt war, gelangte man dorthin über eine Holztreppe, die durch ein Fenster im Erdgeschoss führte. Mehrere Fakultäten (z. B. die theologische Fakultät), die im Hinblick auf den Sieg im Krieg als wenig bedeutend galten, wurden geschlossen. Auch das neue Besatzungsregime wurde von Repressionen begleitet. Die Juden, die nicht von den Sowjets arretiert oder geflüchtet waren, wurden erschossen. Auf dem Messeplatz in Dorpat wurde ein Konzentrationslager eingerichtet, in dem zunächst die mit dem sowjetischen Regime kollaborierenden Personen inhaftiert, aber im weiteren Verlauf der Besatzung national gesinnte und dem NS-Regime kritisch gegenüberstehende Intellektuelle festgesetzt wurden. Der Schriftsteller Karl August Hindrey, der sich durch sein fließendes Deutsch und seinen aristokratischen deutschen Geist auszeichnete, dessen Ansichten aber alles andere als nationalsozialistisch waren, wurde mit einem Publikationsverbot im *Postimees* belegt.

Das Leben ging auch während der „deutschen Zeit" weiter. *Vanemuine* setzte seine Tätigkeit fort; neben klassischen Aufführungen auf gutem Niveau veranstaltete man für Soldaten bunte Abende unter dem Namen „Schiff, ahoi!" in deutscher Sprache, deren Kenntnis für die damaligen estnischen Schauspieler kein Problem war. Den deutschen Soldaten gegenüber war das Volk wohlwollend eingestellt. In den Erinnerungen an die damalige

Zeit ist immer wieder von ihrer Hilfsbereitschaft und guten Erziehung die Rede, der man stets die Gewalt und Kulturlosigkeit der Rotarmisten gegenüberstellte.

Die Rückkehr der Roten Armee

Mit der am 14. Januar 1944 begonnenen Offensive durchbrach die Rote Armee die Front, die seit Herbst 1941 bei Leningrad gestanden hatte, und zwang die Deutschen zum Rückzug in Richtung Narwa. Über Nacht wurde Estland wieder zum Kriegsschauplatz. Am 30. Januar ordnete die landeseigene Verwaltung mit Zustimmung der deutschen Heeresleitung die Mobilmachung an, die auch in einer Rundfunkansprache von Jüri Uluots, dem letzten rechtmäßigen Ministerpräsidenten der Republik Estland, unterstützt wurde, in der er die Bevölkerung zum Widerstand gegen die Rote Armee aufrief. Der Mobilisierung schlossen sich etwa 40.000 Männer an, die nicht von dem Wunsch beseelt waren, das Dritte Reich zu retten, sondern die estnische Freiheit zu verteidigen.

In dieser Situation verließ man sich in Estland immer mehr auf die Alliierten, da man dem Versprechen von Churchill und Roosevelt glaubte, dass alle Länder, die während des Zweiten Weltkriegs ihrer Unabhängigkeit beraubt worden waren, diese zurückerhalten würden. Man hoffte, dass sich das Jahr 1918 wiederholen würde, als zwischen dem Abzug der russischen und dem Einmarsch der deutschen Truppen die Unabhängigkeit ausgerufen werden konnte. Solange die „zweite Front" nicht eröffnet war, glaubte man an die Möglichkeit, dass sie im nördlichen Norwegen eröffnet würde, um über Finnland und Estland in südlicher Richtung der Roten Armee zuvorzukommen. Man war zuversichtlich, dass die Westmächte, die die Sowjetunion mit militärischer Ausrüstung und Nahrungsmitteln unterstützten, die erneute Besetzung der baltischen Länder nicht zulassen.

Im Winter und zu Beginn des Frühjahrs 1944 kam es zu heftigen Schlachten bei Narwa, wo die Brückenköpfe zerstört wurden. Die sowjetische Luftwaffe antwortete mit Bombenangriffen auf mehrere estnische Städte, in der Nacht des 26. März auch auf Dorpat, das erneut in Flammen stand. Nachdem der Vormarsch der Roten Armee bei den Blauen Bergen westlich von Narwa gestoppt worden war, leiteten die Sowjets am 10. August eine Offensive von Pleskau aus ein, durchbrachen die dünne Verteidigungslinie der Deutschen, eroberten Südestland und näherten sich rasch Dorpat. Um die Situation zu retten, brachten die Deutschen gepanzerte Einheiten unter der Führung von „Panzergraf" Hyazinth von Strachwitz heran, doch vermochten auch diese den feindlichen Vormarsch nicht aufzuhalten. Am 25. August 1944 fiel Dorpat an die Rote Armee.

Auch diesmal blieb Dorpat für mehrere Wochen lang eine Frontstadt. Die Deutschen versuchten, ihre Gegner von dem auf der anderen Seiten des Flusses errichteten Brückenkopf zu vertreiben. Während der Kämpfe wurde der Ratshof, in dem das Estnische Nationalmuseum untergebracht war, völlig zerstört. Durch gegenseitigen Artilleriebeschuss wurde dieser Teil des Stadtzentrums, der 1941 vom Kriegsfeuer verschont geblieben war, ebenfalls vernichtet. In der Altstadt wurde die Johanniskirche zerstört, von anderen bedeutenden Gebäuden fiel das Theater *Vanemuine* dem Krieg zum Opfer.

Um die Einkesselung zu vermeiden, erteilte Hitler am 16. September die Erlaubnis, die deutschen Truppen aus Estland zurückzuziehen. Die Esten hatten keine Chance, den Ansturm der Roten Armee mit ihren eigenen Kräften aufzuhalten: Das Kräfteverhältnis war dafür zu ungleich. Der verzweifelte Widerstand im September 1944 trug jedoch dazu bei, Zeit für die Flucht zehntausender Flüchtlinge zu gewinnen, die in einfachen Booten die herbstliche Ostsee zur schwedischen Küste zu überqueren versuchten. Am 26. September eroberte die Rote Armee das estnische Festland und Ende November 1944 auch die westestnischen Inseln. In Estland wurde wieder die sowjetische Besatzungsmacht hergestellt.

Sowjetische Stadt unter Hammer und Sichel

Die Wiederherstellung der Stadt und des Stalinismus

Im Jahr 1944 fiel Dorpat an eine Besatzungsmacht, die zuvor daran beteiligt gewesen war, die Stadt in Trümmer zu legen. Mehr oder weniger unbeschadet überstanden die Universitätsgebäude und die Altstadt den Krieg, darunter die an die Altstadt angrenzenden Häuser am Rathausplatz. Im Gegensatz dazu erstreckte sich vom Rathausplatz in Richtung der Rigaer Landstraße in einer Länge eines guten Kilometers völlige Leere. Auch die Gebäude am nördlichen Ufer des Embachs waren völlig zerstört. Sieht man sich die Fotos von Dorpat aus der Vorkriegszeit an, so fällt es schwer, dort etwas Bekanntes zu finden, abgesehen vom Hauptgebäude der Universität oder dem Bahnhof. Das Rathaus sieht zwar gleich aus, aber die umliegende Bebauung ist ganz anders.

Die Sonntage verbrachten die Stadtbewohner auf Befehl der neuen Machthaber mit dem Aufräumen der Trümmer. Nur wenige Gebäude wurden wiederhergestellt. Bis heute ist ein Park anstelle eines Großteils der Vorkriegsstadt zu finden. Die rußigen Mauern des *Vanemuine* ragten bis Ende der 1950er-Jahre über die Stadt – nie zuvor hatte man einen so guten Blick auf das Theatergebäude gehabt –, bis man auch diese Trümmer abzureißen beschloss.

Die Macht in der Stadt lag bei der Kommunistischen Partei, deren höchster Vertreter der Erste Sekretär des städtischen Parteikomitees war. Formell wurde die Stadt vom Sowjet der

Werktätigendeputierten und seinem Exekutivkomitee regiert. Ohne Genehmigung der Partei konnte das Exekutivkomitee nur Nummernschilder für Fahrräder verteilen, bei allen anderen Angelegenheiten durfte man in der Stadt ohne Partei-Anweisungen nichts unternehmen. Sowohl die Ersten Sekretäre des Parteikomitees als auch die Vorsitzenden des Exekutivkomitees wechselten rasch und behielten ihre Posten nur so lange, bis die Partei ihnen einen einträglicheren Posten in der Hauptstadt zuwies.

Die kommunistische Partei teilte die Macht in der Stadt mit der Roten Armee. Schon vor dem Krieg hatte es im Stadtteil Ratshof/Raadi einen kleinen Flugplatz gegeben, der sowohl von zivilen als auch von militärischen Flugzeugen genutzt worden war. Nach dem Krieg wurde dort eine drei Kilometer lange Betonpiste gebaut, um schweren Bombern, die später auch Atomwaffen transportierten, Starts und Landungen zu ermöglichen. Der Dorpater Militärflughafen war einer der größten in ganz Osteuropa. Das Hauptquartier der Luftwaffe (heute das Hotel *Barclay*) befand sich im Stadtzentrum. Der Sowjetsoldat, ob in Reih und Glied oder weggetreten, war bis zum Ende der Besatzungszeit ein fester Bestandteil des Dorpater Stadtbildes.

In den ersten Nachkriegsjahren hoffte das Volk noch, dass der Westen die baltischen Staaten von Stalin zurückfordern würde. Im ganzen Land waren bewaffnete „Waldbrüder" tätig, die sowohl Rotarmisten als auch Aktivisten, die sich dem neuen Regime angeschlossen hatten, angriffen. Die Märzdeportation von 1949 setzte dem ein Ende. Im Unterschied zu 1941 wurden diesmal vor allem Angehörige der Landbevölkerung nach Sibirien deportiert. Aus Dorpat wurden 534 Menschen verschleppt – etwa hundert weniger als während der Junideportation acht Jahre zuvor. Im März 1950 fand das VIII. Plenum des Zentralkomitees der Kommunistischen Partei Estlands statt, das umwälzende Veränderungen an der lokalen Machtspitze bewirkte. Die sogenannten Junikommunisten, die die Machtübernahme 1940 unterstützt hatten, wurden nun als „bürgerliche Nationalisten" gebrandmarkt, und ans Ruder kamen Russland-Esten. Ihnen konnte man wirklich keinen Nationalismus vorwerfen, denn sie hatten in Russland nicht nur die estnische Gesinnung, sondern auch ihre estnischen Sprachkenntnisse eingebüßt. Estnischer Parteichef wurde Johannes (Ivan) Käbin (1905–1999, Erster Sekretär in den Jahren 1950–1978), der auf diesem Posten Stalin, Chruschtschow und beinahe auch Breschnew überlebte.

Eine Hochburg des „bürgerlichen Nationalismus" in Estland war selbstverständlich Dorpat. An der Universität wurde mit der Entlassung von Angehörigen des Lehrkörpers begonnen. Die *Gelehrte Estnische Gesellschaft* war 1940 wegen eines Missverständnisses der Schließung entgangen, konnte aber jetzt davor nicht gerettet werden. Die Kunsthochschule *Pallas* wurde geschlossen. Sechs Künstler, die als Kunstlehrer an der *Pallas* arbeiteten, waren so stark vom „bürgerlichen Nationalismus" durchdrungen, dass sie im Gefängnis festgesetzt wurden. Drei „bürgerliche Nationalisten" – Villem Reiman, der Held des Nationalepos *Kalevipoeg* und König Gustav II. Adolf von Schweden – wurden durch die Sprengung ihrer Denkmäler vernichtet. Sie wurden durch einen sitzenden Lenin auf dem Rigaer Berg ersetzt. Leider begann die Statue sowjetischer Qualität zu bröckeln, und der sitzende Lenin musste durch einen stehenden ersetzt werden. Das Volk fand daran Gefallen: „Seht ihr, er ist schon aufgestanden! Bald wird er wohl auch fortgehen."

Auch an der Universität kam ein Machtwechsel zustande. 1951 wurde Feodor Klement, Professor für Physik an der Leningrader Universität, zum neuen Rektor ernannt, der dieses Amt zwei Jahrzehnte lang innehatte. Klement war ein seriöser Wissenschaftler und brauchte als Mann, der von Moskau eingesetzt worden war, keine Angst zu haben, in die lokalen Machtkämpfe verwickelt zu werden. Unter Klements Rektorat überlebte die Universität die letzten Lebens- und Herrschaftsjahre Stalins und bewahrte ihren akademischen Geist auch während der Regierungszeit Chruschtschows, der mit Intellektuellen stets in

Konflikt geriet. Die Vorlesungen in Dorpat begannen mit einer akademischen Viertelstunde und dem traditionellen Scharren der Füße, und was am wichtigsten war, sie wurden weiterhin auf Estnisch gehalten.

Das Tauwetter und der Traum vom Sozialismus mit menschlichem Antlitz

Nach dem Tod Stalins am 5. März 1953 erschienen im schwarz-weißen Leben des sowjetischen Estland die ersten fröhlicheren Farbtöne. Niemand wurde inhaftiert, weil er Stalins Bild mit einem Doppelschnurrbart versah. Bald verschwanden auch die Bilder, worauf man die Schnurrbärte hätte zeichnen können. Die noch lebenden Deportierten durften aus Sibirien zurückkehren, bekamen aber weder ihre Häuser noch ihre Bauernhöfe zurück, da sich diese bereits im Eigentum der Stadt oder einer Kolchose befanden. Während bis dahin im Radio hauptsächlich patriotische Liedchen meistens sowjetrussischer Komponisten zu hören waren, in denen der Krieg und die Arbeit gepriesen wurden, so wurden nun auch einige unterhaltsamere Lieder gesendet. Das estnische Rundfunkquartett, das sich beim Volk überaus großer Popularität erfreute, durfte über einen Schmied singen, „der den Floh beschlagen musste, sei nur Mann / und versieh den Springer mit einem passenden Beschlag". Über einen tüchtigen Schmied durfte man auch in der Regierungszeit Stalins singen und man tat es auch, aber die Arbeit wurde dennoch zur Erfüllung des Fünfjahresplans verrichtet und nicht zum Possenspiel. In den Zeitungen begannen außer Todesanzeigen auch andere lesenswerte Dinge zu erscheinen: Es wurde über die Vorzeit und Heimatkunde, über die Mode und Musik sowie über die Möglichkeit des Lebens auf dem Mars geschrieben. In Dorpat begann man 1958 die Zeitschrift *Eesti Loodus* („Die Natur Estlands"; sic! – ohne SSR!) herauszugeben. Die Dorpater Zeitung, die in der Sowjetzeit den Namen *Edasi* („Vorwärts") trug, wurde in den 1960er- und 1970er-Jahren zur meistgelesenen Zeitung Estlands und war wahrscheinlich die einzige Publikation der Kommunistischen Partei, für deren Bestellung die Leute bereit waren, Schlange zu stehen.

Ein Zeichen des Wandels war auch der Besuch des finnischen Präsidenten Urho Kekkonen in Dorpat am 12. März 1964. Offiziell handelte es sich um einen privaten Besuch: Kekkonen reiste aus Polen nach Estland und legte hier einen Zwischenstopp ein. Aus diesem Grund waren auch keine Funktionäre aus Moskau anwesend. In der Universitätsaula hielt Kekkonen eine Rede, an die man sich noch viele Jahre erinnerte. „Entschuldigen Sie, dass ich Estnisch spreche, auch wenn ich es schlechter spreche als Finnisch", begann Kekkonen unter stürmischem Beifall. Das Estnisch des finnischen Präsidenten erwies sich als deutlich besser als das der damaligen Führer der Estnischen SSR. Auch der russischsprachige Rektor Klement war gezwungen, seine Eröffnungsrede auf Estnisch zu halten, was ihm offensichtliche Schwierigkeiten bereitete. Der Präsident, der die kulturellen Beziehungen und die enge Verwandtschaft zwischen Finnland und Estland betonte, war davon überzeugt, dass das Estentum nur in seiner Heimat und nicht in ausländischen Flüchtlingsorganisationen aufrechterhalten werden könne, weshalb er direkte kulturelle Beziehungen zum besetzten Estland für äußerst wichtig hielt.

Kekkonen besuchte auch das kurz zuvor errichtete Sportzentrum der Universität in Kääriku, wo er einen 17 km langen Skilauf absolvierte. Zur gleichen Zeit fischte Kekkonens „Amtskollege", der Vorsitzende des Präsidiums des Obersten Sowjets Estlands, Aleksei Müürisepp, der eine solche Skiwanderung nicht ausgehalten hätte, im Pelzmantel auf dem Eis des Kääriku-Sees: Die „diplomatische Etikette" verlangte auch von ihm, seine sportlichen Fähigkeiten zu zeigen.

Am 21. Dezember 1965 brach im Hauptgebäude der Universität ein Brand aus. Am Morgen standen die Menschen vor dem noch immer brennenden Gebäude und weinten. Etwa ein Sechstel des Gebäudes wurde zerstört, darunter die Aula und ein Großteil der Karzerräume. Es dauerte anderthalb Jahre, um die Aula wieder aufzubauen, während die mit Studentenzeichnungen verzierten Karzerwände im Feuer für immer vernichtet wurden.

Im geistigen Leben waren die sechziger Jahre eigentlich nicht gerade „golden". Im Nachhinein können wir sagen, dass die Okkupation in eben dieser Zeit ihren Scheitelpunkt erreichte. Die Erinnerungen an die Vorkriegszeit begannen zu verblassen, aber der innere Zerfall der Macht Moskaus war noch nicht erkennbar. Vielmehr herrschte die Auffassung, dass die Sowjetmacht errichtet worden sei, um zu bleiben. Um es bildlich auszudrücken, so wurde die bis dahin zur Faust geschlossene Hand aus der Tasche gezogen, um einen Kugelschreiber zu ergreifen und einen Antrag auf Beitritt der Kommunistischen Partei zu schreiben – stets dafür, „um sie von innen zu untergraben". Man glaubte aufrichtig, dass in einer Situation, wo der Partei intelligente Menschen beitreten, die sich „für die estnische Sache" einsetzen, auch unter den Bedingungen der Besatzung etwas getan werden könne. Deshalb wurde der „Prager Frühling" 1968 aufmerksam verfolgt und mit Alexander Dubčeks Traum vom Sozialismus mit menschlichem Antlitz sympathisiert. Bereits um die Mitte der 1960er-Jahre entwickelte sich an der Universität Dorpat die sogenannte Opposition des Kommunistischen Jugendverbandes (*Komsomol*), die sich von der offiziellen Parteilinie vor allem durch ihr Beharren auf Meinungsfreiheit unterschied. Bei einem Fackelzug am 19. Oktober 1968, der im Rahmen der offiziellen Studententage stattfand, wurden für die damalige Zeit beispiellos mutige Transparente getragen. So prangte auf der Vorderseite eines Transparents der hurra-optimistische Slogan „Russen als Erste zum Mond!", während auf der Rückseite zu lesen war: „Und mögen sie dort auch bleiben!".

Zur gleichen Zeit begann die Theatererneuerung im *Vanemuine* unter der Leitung der Regisseure und Schauspieler Evald

Hermaküla und Jaan Tooming, die die uneingeschränkte Unterstützung des Hauptregisseurs Kaarel Ird, der einen hohen Rang in der kommunistischen Nomenklatura einnahm, genossen. Im Frühjahr 1968 hatte Hermaküla das Schauspiel *Tuhkatriinumäng* („Aschenputtelspiel") von Paul-Eerik Rummo inszeniert, dem die Behörden aber die Aufführungsgenehmigung verweigerten. Der breitere Kontext des allegorischen Stücks sprach von der Wahrheitssuche und ihrer Vergeblichkeit. Gerüchte über das Aufführungsverbot führten zu Studentenprotesten. Im Februar 1969 wurde *Tuhkatriinumäng* schließlich im *Vanemuine* und zwei Jahre später mit Unterstützung von Exilesten auch am *Broadway* aufgeführt. Auch in den nachfolgenden 1970er-Jahren war *Vanemuine* weiterhin das Flaggschiff des estnischen Theaters und ein konsequenter Träger des „Dorpater Geistes".

Die Bevölkerung von Dorpat, die sich nach dem Krieg um die Hälfte verringert hatte, erreichte um die Mitte der 1950er-Jahre mit 60000 Einwohnern wieder beinahe das Vorkriegsniveau und wuchs bis 1970 zügig auf 90000 an. Obwohl in den Nachkriegsjahren nach dem Aufräumen der Trümmer vor allem an der Tiigi- und Turu-Straße auch neue Etagenhäuser gebaut wurden, herrschte in der Stadt ein extremer Wohnungsmangel. Es mangelte auch an Studentenwohnheimen: Zehn Studenten in einem Wohnheimzimmer war damals die Norm. Mehr als ein Jahrzehnt lang war die etwas flussaufwärts vom Marktgebäude gelegene Holzbrücke, die zum kriegszerstörten Holm führte, die einzige Möglichkeit, den Embach zu überqueren. Erst 1957 wurde die heutige Friedensbrücke (damals Siegesbrücke) fertiggestellt und zwei Jahre später wurde an der Stelle der ehemaligen Steinbrücke die Bogenbrücke gebaut – allerdings nur als Fußgängerbrücke. In Bezug auf den künstlerischen Wert war sie ihrem Vorgängerbau zwar beträchtlich unterlegen, aber als neue Tradition bot sie den wagemutigeren Universitätsabsolventen die Möglichkeit, über den Brückenbogen zu gehen. Nach und nach wurden im Stadtzentrum weitere neue Gebäude errichtet: 1966

Abb. 18: Das im Zweiten Weltkrieg zerstörte ursprüngliche Vanemuine-Theater.

Abb. 19: Der Neubau zu Zeiten der Zugehörigkeit zur Sowjetunion.

Abb. 20: Ein sogenannter „Überfahrer" auf einer Postkarte vor 1918, im Hintergrund die Steinbrücke.

Abb. 21: Das Restaurant „Atlantis" 2022, im Hintergrund die Bogenbrücke an der Stelle der historischen Steinbrücke.

das Kaufhaus (heute abgerissen), 1969 das Restaurant *Kaunas* am nördlichen Flussufer (heute *Atlantis*), 1970 das neue Theater- und Konzerthaus *Vanemuine*. Letzteres hält keinem Vergleich mit dem von Lindgren und Matteus projektierten *Vanemuine* stand. So manche Besucher von Dorpat haben die am Embach liegende Markthalle mit dem Theatergebäude verwechselt und sich gewundert, warum an der sichtbarsten Stelle der Stadt ein riesiges Kühlhaus errichtet worden ist.

Vorabend

Die 1970er-Jahre wurden in der Sowjetunion als eine Zeit der Stagnation bezeichnet, wie sie der Schriftsteller Andrus Kivirähk humorvoll dargestellt hat:

> Die Siebzigerjahre sind als langsam und zählebig in Erinnerung geblieben. Die Menschen taumelten eher, als dass sie gegangen wären, und lagen eher herum, als dass sie gesessen hätten […]. Und wenn man aus irgendeinem Grund gerade wach war, vertrödelte man auch diese Zeit, lümmelte im Sessel herum und seufzte mit kraftloser Stimme.

Abgesehen von der Universität mit ihren Kliniken, dem Theater *Vanemuine* und der Zeitung *Edasi* war Dorpat eine aussichtslose Stadt. Juhan Peegel, Professor für Journalismus, erklärte in einem aufrichtigen Interview, dass er nur wegen der Universität in Dorpat lebe und sich in dieser Stadt wie auf einer lebenslangen Dienstreise fühle. Für die damaligen Machthaber war Dorpat in erster Linie eine Industriestadt, wo man auf die im sozialistischen Wettbewerb gewonnenen Auszeichnungen der „Roten Fahnen" großen Wert legte und die „ideologisch zweifelhafte" Universität nur als lästiges Übel galt.

Im Vergleich zu Reval war Dorpat eine geschlossene Stadt. Wegen des riesigen Luftwaffenstützpunkts war der Aufenthalt für Ausländer in der Stadt eingeschränkt und sie durften hier nicht übernachten. Aus diesem Grund wurden in Dorpat vorsichtshalber auch keine Hotels gebaut. Für die aus Reval gebürtigen Studenten war es unerträglich, dass sie in Dorpat keine finnischen Fernsehserien sehen konnten, ganz zu schweigen vom Eurovision-Liederwettbewerb: Um diesen zu sehen, reiste man schon mehrere Tage zuvor nach Reval. Die einzigen Menschen, die in der Stadt blieben, waren hochgebildete Intellektuelle und Russen, die nichts vom westlichen Fernsehen wussten.

Die Einwohnerzahl von Dorpat, die 1978 die Grenze von 100.000 überschritt, wuchs vor allem durch aus Russland stammende Einwanderer. Der Anteil der Esten an der Stadtbevölkerung hielt sich ab den späten 1950er-Jahren relativ stabil bei etwa 75 %, während er in Reval bereits in den 1980er-Jahren unter 50 % gesunken war. In den 1970er-Jahren wurde am nördlichen Ufer des Embachs in der Flussaue im Stadtteil Annelinn mit dem Bau eines Hochbauviertels für 50.000 Stadtbewohner begonnen. Die Wohnungen erhielten vorrangig Militärrentner und die Bauarbeiter selbst, die danach einen bequemeren Arbeitsplatz suchten, um Platz für die nächsten aus Russland angereisten Bauarbeiter zu schaffen. Die qualifizierteren russischen Arbeitskräfte fanden Beschäftigung im Werk „Postkasten 32" – diesen absurden Namen trug eine geheime Fabrik in der Sprache der sowjetischen Militärbürokratie, die die Apparatur für die orangefarbenen Blackboxes der Flugzeuge herstellte und sowohl innen als auch außen von bewaffneten Posten bewacht wurde.

Die Leitung der Universität Dorpat wurde 1970 von Arnold Koop (1922–1988) übernommen, der ein Paradebeispiel für eine Parteikarriere ist. Koop, der keinen Schulabschluss gemacht hatte, besuchte eine Parteischule, nahm dann das Studium am Pädagogischen Institut in Reval auf, wurde noch vor seinem Abschluss Dekan, danach Rektor des Instituts, Minister für das Hochschulwesen und endete auf dem Rektorstuhl der Universität Dorpat. Koop nutzte seine Position, um aus Moskau Geld und limitierte Güter herbeizuschaffen, um neue Lehrgebäude für die Universität zu bauen. Aufgrund der damaligen Bauqualität sind sie heute zwar entweder abgerissen oder gründlich renoviert worden, aber die beiden roten Turmwohnheime (1971, 1974) am nördlichen Ufer des Embachs stechen auch heute hervor, ebenso wie die Universitätsbibliothek (1982), die durch ihre moderne Zweckmäßigkeit und offene Planung im Ostblock außergewöhnlich war. Dies war jedoch kein Verdienst der Universitätsführung. Wenn man ein Bild mit der Überschrift „Stagnation" bräuchte, so wäre ein Gruppenfoto des Rektorats und des Parteivorstands der Universität dazu perfekt geeignet: Die Gesichtsausdrücke und Anzüge sprechen für sich. Auch der Tod von Breschnew im Jahre 1982, in dessen Folge viele auf Veränderungen hofften, brachte im Gegenteil nur mit sich, dass der Wasserhahn der Freiheit, der sowieso nur getropft hatte, für einige Jahre ganz zugedreht wurde.

Die Universität hatte jedoch auch damals tüchtige Professoren und Wissenschaftler. Etwa Juri Lotman (1922–1993), der in Leningrad wegen seiner jüdischen Herkunft keine wissenschaftliche Arbeit finden konnte, kam nach Dorpat und wurde einer der wichtigsten Mitbegründer der berühmten Dorpat-Moskauer Schule der kulturwissenschaftlichen Semiotik.

Der Weg von Ost nach West

Die „Singende Revolution"

Anfang der 1980er-Jahre war die Sowjetunion am Ende: Die Wirtschaft, die zwar Atomwaffen produzieren konnte, war nicht mehr in der Lage, die Bevölkerung zu ernähren und zu versorgen. Gleichzeitig wurde der Niedergang von einer Rhetorik angeblich immer rascherer Fortschritte des Sozialismus begleitet, was in absurdem Widerspruch zu dem stand, was die Menschen mit eigenen Augen sahen und erlebten. In Estland begann der Widerstand gerade bei der jüngeren Generation, den Schülern und Studenten, denen diese Gesellschaftsordnung keine Perspektiven für ein menschenwürdiges Leben mehr bot.

An der Universität formierte sich die aus Geschichtsstudenten hervorgegangene Bewegung *Noor-Tartu* („Junges Dorpat"), die sich zum Ziel setzte, die von der Besatzungsmacht verleugnete oder verfälschte Kulturgeschichte und nationale Geschichte in das Bewusstsein der Menschen zu bringen. Außerdem wollte man in einer stagnierenden Gesellschaft auch etwas Praktisches tun, indem man die Dorpater Friedhöfe von dem während der Sowjetzeit gewachsenen Gestrüpp säuberte. Den Widerstandsgeist der Studenten demonstrierten die Studentenbrigaden, die im Sommer aufgrund des Arbeitskräftemangels auf landwirtschaftlichen Baustellen in ganz Estland arbeiteten – die Estnischen Studentischen Baubrigaden (*Eesti Üliõpilaste Ehitusmalev*) –, und auf ihren Zusammenkünften kurze selbstgeschriebene Sketche als Wettbewerbsprogramm aufführten. 1982 sah sich die Jury gezwungen, alle vorgeführten Programme als „politisch unreif", das heißt, als antisowjetisch zu bezeichnen.

Durch die Machtübernahme durch Michail Gorbatschow im Jahr 1985 und die in der Sowjetunion begonnene Perestroika bekam die Protestbewegung neuen Auftrieb. Im Frühjahr 1987 brach der „Phosphorkrieg" gegen die Planung eines Phosphortagebaus im nordöstlichen Estland aus. Einerseits hätte dies angesichts des rückständigen technologischen Niveaus zu einer umfassenden Verschmutzung der Natur einschließlich eines teilweisen Verlusts des Grundwassers geführt, andererseits aber zur Ansiedlung Zehntausender gering qualifizierter zumeist russischer Arbeitskräfte in einer Situation, in der die Esten bereits Gefahr liefen, in ihrem eigenen Land in die Minderheit zu geraten. Wieder einmal waren es Dorpater Studenten, die leuchtend gelbe T-Shirts mit der Aufschrift „Phosphorit – nein danke!" anzogen und in der obligatorischen Maiparade die gegen die Tagebaupläne gerichteten Transparente trugen. Da die Gefahr real und ernst war, schloss sich auch ein Teil der Führung der estnischen kommunistischen Partei den Tagebaugegnern an, und das gesamte Projekt wurde zu den Akten gelegt. Der „Phosphorkrieg" gab dem Volk eine erste Erfahrung des Einheitsgefühls und zeigte, dass auch die Besatzungsmacht durch gemeinsames Handeln besiegt werden kann.

Am 26. September 1987 veröffentlichte die Dorpater Zeitung *Edasi* einen von vier Wirtschafts- und Gesellschaftswissenschaftlern, die der kommunistischen Parteinomenklatura angehörten (Siim Kallas, Tiit Made, Edgar Savisaar, Mikk Titma), erarbeiteten Plan für ein „selbstwirtschaftendes Estland", der darauf abzielte, die Estnische SSR vom zusammenbrechenden sowjetischen Wirtschaftssystem abzukoppeln. Dies war der Beginn des gemäßigteren Flügels der Unabhängigkeitsbewegung, der Estland als Teil einer konföderativen Sowjetunion ansah, in der die estnischen Behörden weitreichende Entscheidungsbefugnisse sowohl in wirtschaftlichen als auch in politischen Angelegenheiten haben sollten. Diese Richtung wurde von der 1988 gegründeten Volksfront (*Rahvarinne*) und von einer zunehmenden Zahl estnischer Führer der Kommunistischen Partei unterstützt.

Die Bewegung für Denkmalschutz, der sich immer größere Volksmengen anschlossen, zielte auf die völlige Wiederherstellung der Unabhängigkeit Estlands ab. Vom 14. bis 18. April 1988 fanden in Dorpat Denkmalschutztage statt, auf denen Menschen aus ganz Estland versammelt waren. Die im nationalen Geist gehaltenen Reden, Chorkonzerte, wo die Lieder aus der Zeit des nationalen Erwachens vorgetragen wurden, die Aufführungen des Studententheaters *Valhalla* und Kinovorstellungen mit Chronikaufnahmen aus der Vorkriegszeit schufen in diesen Frühlingstagen eine noch nie da gewesene Atmosphäre. Vor dem noch in den Händen der Fakultät für Sportwissenschaft befindlichen Haus des *Vereins Studierender Esten* fand eine öffentliche Redeversammlung mit Tausenden Teilnehmern statt, bei der zum ersten Mal öffentlich die Nationalfarben gezeigt wurden: An der Gebäudefassade hingen drei große farbige Stoffbahnen.

Während die Behörden noch am 2. Februar 1988 gegen die Kundgebung anlässlich des Jahrestages des Friedensvertrags von Dorpat von 1920 mit Plastikschilden und Gummiknüppeln versehene Spezialeinheiten sowie Diensthunde einsetzten, so wurde gegen die Veranstaltungen der Denkmalschutztage nicht mehr vorgegangen. Immer mehr Angehörige der Nomenklatura, die auf die „Realpolitik" Rücksicht nahmen, schlossen sich der Bewegung an. Am 16. November 1988 verabschiedete der Oberste Sowjet der Estnischen SSR eine Souveränitätserklärung, die das Republiksrecht über das Unionsrecht stellte. Später wurde eben dieses Ereignis als Beginn des Zerfalls der Sowjetunion angesehen. Der neue Oberste Sowjet, der aus den im März 1990 abgehaltenen ersten Wahlen, wo mehrere Kandidaten aufgestellt waren, hervorging, erklärte bereits die Proklamation der staatlichen Unabhängigkeit zum Ziel. Dies wurde auch durch das am 3. März 1991 durchgeführte Unabhängigkeitsreferendum unterstützt, an dem die gesamte erwachsene Bevölkerung Estlands teilnehmen konnte. Die Wahlbeteiligung betrug 83 %, von denen 78 % die Lösung Estlands von der Sowjetunion befürworteten.

Ausgehend von dem Grundsatz, dass nur die Bürger der Republik Estland das Recht haben, über das Schicksal Estlands zu entscheiden, begannen die 1989 im ganzen Land eingerichteten estnischen Bürgerkomitees mit der Registrierung der Bürger Vorkriegsestlands und ihrer Nachkommen sowie mit der Ausstellung von Personalausweisen der Republik Estland. Im Februar 1990 wurden der Kongress Estlands (*Eesti Kongress*) und sein Vertretungsorgan, das Estnische Komitee gewählt. Eine direkte Konfrontation zwischen dem Obersten Sowjet und dem Estnischen Komitee gab es nicht, da viele Akteure in beiden Gremien saßen. Den Bürgerkomitees ist es jedoch zu verdanken, dass es nicht zur Gründung eines neuen Staates kam, sondern die estnische Unabhängigkeit auf der Grundlage der rechtlichen Kontinuität der 1918 gegründeten Republik wiederhergestellt wurde.

Schritt für Schritt distanzierte sich Estland von der Moskauer Herrschaft: Die nationalen Symbole aus der Vorkriegszeit wurden wiederhergestellt, die estnische Sprache erhielt die Rechte einer Staatssprache, es wurden nationale Feiertage eingeführt und die Moskauer Zeit wurde durch die Osteuropäische Zonenzeit ersetzt. Der am 19. August 1991 in Moskau begonnene Putsch führte diese Entwicklung zu einem schnellen Finale: Am 20. August erklärte der Oberste Sowjet Estlands die Unabhängigkeit Estlands für wiederhergestellt, was auch international in kurzer Zeit anerkannt wurde. Am 17. September 1991 wurde Estland zusammen mit Lettland und Litauen in die Vereinten Nationen aufgenommen. Estland befand sich wieder als souveräner Staat auf der politischen Weltkarte.

Im freien Estland

Nach einem halben Jahrhundert Besatzung zu Demokratie und freier Marktwirtschaft zurückzukehren, war alles andere als eine leichte Aufgabe. Rückblickend erscheinen die 1980er-Jahre sogar weniger entscheidend als die darauffolgenden 1990er-Jahre. Selbst wenn das Streben nach Unabhängigkeit gescheitert wäre, hätte es immer noch die Hoffnung auf eine neue Chance gegeben, wie schon Heinz Valks berühmter Ausspruch während der „singenden Revolution" – „Irgendwann siegen wir sowieso!" – zum Ausdruck brachte. Das Verspielen der bereits erreichten Unabhängigkeit hätte diese Hoffnungen für immer zunichtegemacht.

Die dringendste Herausforderung bestand darin, die bereits vor der Erlangung der Unabhängigkeit eingetretene Wirtschaftskrise zu überwinden. Edgar Savisaar (geb. 1950), der zum Zeitpunkt der Unabhängigkeitserklärung Premierminister war und die Volksfront vertrat und als Experte für die sowjetische Planwirtschaft Karriere gemacht hatte, versuchte, die Situation zu lösen, indem er ein Bezugskartensystem für mehr oder weniger alle Konsumgüter von Socken bis Zucker einführte und einen Ausnahmezustand ausrief, der der Regierung zusätzliche Möglichkeiten zur weiteren Regulierung des gesellschaftlichen Lebens geben sollte. Diese hätten Estland zur sowjetischen Lebensweise zurückgeführt und nicht geholfen, sich davon zu entfernen. Im Januar 1992 sprach der bis zur Wahl im Herbst fortbestehende Oberste Sowjet Estlands Savisaar sein Misstrauen aus. Die neue Regierung unter der Leitung von Tiit Vähi (geb. 1947) begann mit der Liberalisierung der Wirtschaft. Mit der Währungsreform vom 20. Juni 1992 wurde die konvertible estnische Krone eingeführt, die zu einem Wechselkurs von acht estnischen Kronen für eine Deutsche Mark dauerhaft an die Deutsche Mark gekoppelt wurde. Innerhalb weniger Wochen waren die Geschäfte voll mit Waren und die Versorgung der Bevölkerung verbesserte sich von Tag zu Tag.

Bei den Wahlen zum *Riigikogu* im Herbst 1992, die auf der Grundlage des neuen Grundgesetzes der Republik Estland stattfanden, gewann die Partei *Isamaa* („Vaterland"), die sich aus Personen zusammensetzte, die während der Besatzung in der Opposition zum kommunistischen Regime gestanden hatten. Ministerpräsident wurde der 32-jährige Mart Laar (geb. 1960, Ministerpräsident 1992–1994 und 1999–2002), dessen Regierung sofort radikale Reformen einleitete, um sich von der sowjetischen Mentalität zu lösen. Neben der Eigentumsreform, die das während der Besatzungszeit errichtete Wirtschaftssystem auflöste, war es wichtig, den Abzug der immer noch in Estland stationierten russischen Truppen zu erreichen. Die Verhandlungen darüber gestalteten sich schwierig und wären ohne die von der internationalen Gemeinschaft geleistete Unterstützung, zu der der erste Präsident Estlands nach der Wiedererlangung der Unabhängigkeit, der Schriftsteller Lennart Meri (1929–2006, Präsident 1992–2001), einen kraftvollen Beitrag leistete, nicht erfolgreich gewesen. Am 31. August 1994 verließen die letzten russischen Truppen Estland.

In den folgenden Jahren wurde eine engere Integration mit Europa angestrebt. Im Jahr 2004 wurde Estland Mitglied der NATO und der Europäischen Union, 2007 trat Estland dem Schengenraum bei, 2011 wurde in Estland der Euro eingeführt.

Das politische und wirtschaftliche Leben Estlands konzentriert sich zunehmend in Reval, wo heute ein Drittel der 1,33 Millionen Einwohner Estlands lebt. Dorpat macht mit seinen 95.000 Einwohnern nur 7 % der estnischen Bevölkerung aus. 1997 zog auch die Redaktion des *Postimees* nach Reval – um dem „Mittelpunkt des Lebens" näher zu sein. Der Staatsgerichtshof (*Riigikohus*) hat seinen Sitz weiterhin in Dorpat und seit 2001 befindet sich hier das Bildungs- und Wissenschaftsministerium als einziges Ministerium außerhalb der Hauptstadt.

Mit fast 14.000 Studenten und 200 Professoren ist die Universität Dorpat nach wie vor die einflussreichste Hochschule in

Abb. 22: Die Ritterstraße vom Markt aus. Fotografie vor 1889.

Abb. 23: Heute ist die Ritterstraße mit ihren Cafés und Kneipen bei Studenten wie Touristen sehr beliebt.

Abb. 24: Auf dem Rathausplatz auch ganz analog: #Tartu2024.

Estland, aber sie ist nicht mehr die einzige Universität: Auch Reval hat in den Jahren der Unabhängigkeit eine eigene Universität erhalten. Neben der alten Universität befindet sich in Dorpat die 1951 gegründete Estnische Universität der Umweltwissenschaften (*Eesti Maaülikool*) mit fast 5000 Studenten, die aus der Estnischen Agrarakademie hervorgegangen ist.

Obwohl die Dorpater Einwohnerzahl, die sich am Ende der sowjetischen Zeit auf 110.000–115.000 Menschen belief, in den letzten Jahrzehnten zurückgegangen ist, ist der Wohnungsbestand der Stadt zügig gewachsen. Die Erweiterung des Hochhausviertels im Stadtteil Annelinn endete zusammen mit der sowjetischen Herrschaft und seine Einwohnerzahl stagniert bei 30.000. Neubauten, vorwiegend Einfamilienhäuser, werden vor allem in den Randgebieten der Stadt erbaut. Im Stadtzentrum lag der Schwerpunkt zu Beginn der Wiedererlangung der Unabhängigkeit eher auf der Renovierung und Sanierung der vorhandenen Gebäude als auf der Errichtung von Neubauten. Das

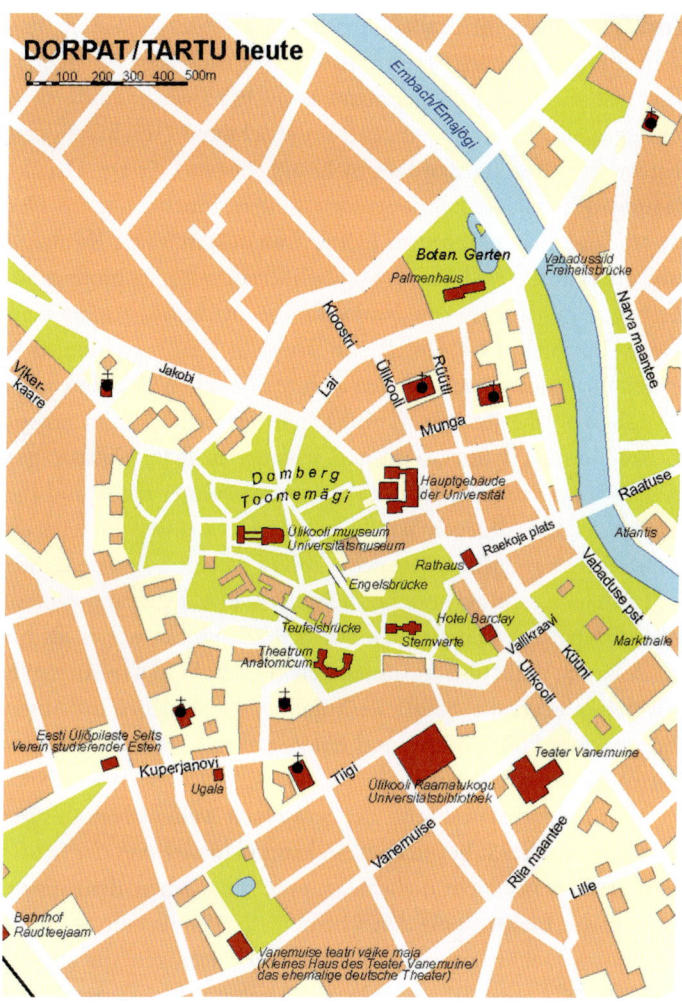

Abb. 25: Karte: Dorpat heute.

erste Hochhaus im Stadtzentrum, das 14-stöckige Geschäftszentrum am Embach, das im Volksmund nach seinem äußeren Erscheinungsbild als Flachmann bezeichnet wird, wurde 1998 fertiggestellt. Die im Stadtzentrum errichteten Geschäfts- und Einkaufszentren werden hier nicht aufgelistet – bis zur Drucklegung des Buches könnten noch weitere hinzukommen. Der 23-stöckige Schneckenturm (2008, Architekten Vilen Künnapu und Ain Padrik) und das im Stadtteil Raadi gelegene großzügige Gebäude des Estnischen Nationalmuseums (2016, Architekten Lina Ghotmeh, Dan Dorell und Tsuyoshi Tane) zeichnen sich durch ihren unverwechselbaren architektonischen Charakter aus. Darüber, ob die jetzigen Grünflächen im Stadtzentrum erneut bebaut werden sollten, wird eine leidenschaftliche Debatte geführt, wobei etwa die Hälfte der Stadtbewohner dafür und die andere Hälfte dagegen ist. Das Einzige, was seit anderthalb Jahrhunderten unverändert geblieben ist, ist das hölzerne Bahnhofsgebäude, und es besteht auch keine Eile, es zu renovieren: Von Dorpat aus kommt man mit dem Zug nicht weiter als bis nach Reval, Walk und zur russischen Grenze. Und natürlich gibt es immer noch die Stadtteile Supilinn und Karlova mit ihren behaglichen Holzhäusern und einer starken Verbundenheit der Bewohner zu ihrem Stadtteil.

Wurde Dorpat während der Sowjetzeit weiter oben als eine aussichtslose Stadt bezeichnet, so kann man dies von der heutigen Stadt sicher nicht mehr behaupten. Zugegeben, denjenigen, die an die Lichter und den Glamour der Großstadt gewöhnt sind, mag Dorpat zu ruhig sein, aber für diejenigen, die ein behaglicheres Leben führen wollen und neben der täglichen Hektik auch geistige Werte und eine aufgeschlossene Haltung zu schätzen wissen, ist Dorpat wohl der beste Wohnort der Welt.

Abbildungsnachweise

Bildarchiv des Herder-Instituts Marburg: Abb. 6, 9, 10, 11, 12, 13, 15, 16, 20 und 22.
Blochplan: Karte U2, Abb. 1, 25 und Karte U3
Hans-Werner Carlhoff: Abb. 2.
Deutsches Kulturforum östliches Europa: Abb. 3, 8 und 17.
Latvijas Universitātes Akadēmiskās bibliotēka: Abb. 5.
Markus Nowak / textbildton.net: Abb. 7, 14, 21, 23, 24
National Archives of Estonia: Abb. 18 (EAA.2073.1.224.1) und 19 (EAA.5358.1.107.50).
Ruth Pindus, Visit Tartu Besucherzentrum: Abb. 4

Straßennamenverzeichnis

Blumenstraße	Lille
Breitstraße	Lai
Gartenstraße	Vanemuine
Klosterstraße	Kloostri
Mönchsstraße	Munga
Rathausstraße	Raatuse
Ritterstraße	Rüütli
Wallgraben	Vallikraavi

Auswahlbibliographie

Alttoa, Kaur: Die Tartuer Marienkirche und die Frage der Bauschule in Tartu im 14. Jahrhundert. In: Baltic Journal of Art History [1] (2009), S. 7–30.

Angermann, Norbert: Zum Rußlandhandel von Dorpat/Tartu in der Zeit seiner höchsten Blüte (Mitte des 16. Jahrhunderts). In: Die baltischen Länder und der Norden: Festschrift für Helmut Piirimäe zum 75. Geburtstag, hrsg. von Mati Laur und Enn Küng, Tartu 2005, S. 82–93.

Das Baltikum. Geschichte einer europäischen Region, hrsg. von Karsten Brüggemann u. a., Bd. 1–3, Stuttgart 2018–2021.

Donecker, Stefan: Arbeiten und Projekte des Dorpater Professors Friedrich Menius in den 1630er Jahren. In: Forschungen zur baltischen Geschichte 6 (2011), S. 31–60.

Griep, Hans-Günther: Das Bürgerhaus der baltischen Städte, Husum 2009.

Haak, Arvi: „Local" Characteristics of the Medieval Livonian Town. In: Baltic Crusades and Societal Innovation in Medieval Livonia, 1200–1350, hrsg. von Anti Selart, Leiden 2022, S. 232–260.

Hackmann, Jörg: Sängerfeste in den russländischen Ostseeprovinzen vor 1914: Symbolische Ordnungen zwischen kulturellen Verflechtungen und Abgrenzungen. In: Forschungen zur baltischen Geschichte 12 (2017), S. 131–161.

Die Hanse. Lebenswirklichkeit und Mythos. Textband zur Hamburger Hanse-Ausstellung von 1989, hrsg. von Jörgen Bracker u. a., 4. Auflage, Lübeck 2006.

Helk, Vello: Die Jesuiten in Dorpat 1583–1625. Ein Vorposten der Gegenreformation in Nordosteuropa, Odense 1977.

Jansen, Ea: Das „Baltentum", die Deutschbalten und die Esten. In: Forschungen zur baltischen Geschichte 2 (2007), S. 71–126.

Kala, Tiina: Die frühe Reformationszeit in Dorpat. Mit besonderer

Berücksichtigung der Quellenlage und der Forschungstraditionen. In: Johannes Block: Der pommersche Reformator, hrsg. von Jürgen Geiß-Wunderlich und Volker Gummelt, Leipzig 2017, S. 41–62.

Kampus, Evald: Geselliges Leben, Zeitvertrieb und Unterhaltung der Deutschen im 19. Jahrhundert in Dorpat. In: Beiträge zur Verwaltungs-, Kirchen- und Bildungsgeschichte des Ostseeraumes. Festschrift für Vello Helk zum 75. Geburtstag, hrsg. von Enn Küng und Helina Tamman, Tartu 1998, S. 333–368.

Kivimäe, Jüri: Zur Handelsgeschichte der Fugger im spätmittelalterlichen Livland: Abraham Greiszbeutel in Dorpat 1552–1553. In: Scripta Mercaturae 14/1 (1980), S. 1–26.

Leppik, Lea: Das Geschäft mit der Poudrette: Zur sanitären Frage in Dorpat im späten 19. und frühen 20. Jahrhundert. In: Forschungen zur baltischen Geschichte 11 (2016), S. 113–128.

Lübecker Kolloquium zur Stadtarchäologie im Hanseraum, Bd. 1–11, Lübeck 1997–2021.

Mertelsmann, Olaf: Das Studium an der Universität Tartu in der Stalinzeit. In: Estland und Russland. Aspekte der Beziehungen beider Länder, hrsg. von dems., Hamburg 2005, S. 229–248.

Pajur, Ago: Die Übernahme Estlands von der deutschen Besatzungsmacht im November 1918. In: Forschungen zur baltischen Geschichte 15 (2020), S. 142–168.

Rauch, Georg von: Die Universität Dorpat und das Eindringen der frühen Aufklärung in Livland 1690–1710. Hildesheim/New York 1969.

Rauch, Georg von: Stadt und Bistum Dorpat zum Ende der Ordenszeit. Hellmuth Weiss zum 75. Geburtstag. In: Zeitschrift für Ostforschung 24 (1975), S. 577–626.

Rauch, Georg von: Der Wiederaufbau der Stadt Dorpat nach dem Nordischen Kriege. In: Zeitschrift für Ostforschung 32 (1983), S. 481–517.

Rauch, Georg von: Frühe Ansätze für die Entstehung einer estnischen Mittelschicht. Dorpat (Tartu) im 16. und 17. Jahrhundert. In: Zeitschrift für Ostforschung 39 (1990), S. 503–520.

Rammo, Riina: Textile Consumption in Medieval Hanseatic Towns in Estonia (13th–16th Centuries). Archaeological Sources. In: Everyday Life in a Hanseatic Town. Alltagsleben in einer Hansestadt. Argielu hansalinnas, hrsg. von Ivar Leimus, Tallinn 2021, S. 155–183.

Salupere, Malle: Tartu (Dorpat). Eine Tausendjährige junge Kulturstadt, Tartu 2005.

Siitan, Toomas: Musikleben in Dorpat und Verbreitung von Musikhandschriften. Die Korrespondenz Johann Friedrich La Trobes mit Georg Poelchau (1834–1836). In: Baltisch-deutsche Kulturbeziehungen vom 16. bis 19. Jahrhundert. Medien – Institutionen – Akteure, Bd. 2: Zwischen Aufklärung und nationalem Erwachen, hrsg. von Raivis Bičevskis u. a., Heidelberg 2019, S. 415–435.

Stadtgeschichte des Baltikums oder baltische Stadtgeschichte? Annäherungen an ein neues Forschungsfeld zur baltischen Geschichte, hrsg. von Heidi Hein-Kircher und Ilgvars Misāns, 2. Ausgabe, Marburg 2016.

Wittram, Reinhard: Die Universität Dorpat im 19. Jahrhundert. In: ZfO 1 (1952), S. 195–219.

Orts- und Personennamenregister

(inkl. Gewässer, Regionen)

A
Åbo/Turku (finn.) 69, 72
Adolf Friedrich zu Mecklenburg 150
Aleksandr Jaroslavič (Fürst von Nowgorod 1236–1263, Großfürst von Wladimir 1252–1263) 18
Alexander III. (russ. Kaiser 1881–1894) 11, 136
Alexander II. (russ. Kaiser 1855–1881) 113, 125
Alexander I. (russ. Kaiser 1801–1825) 31, 105, 106, 112
Alexei (russ. Zar 1645–1676) 56
Allenstein/Olsztyn (poln.) 50
Altmark/Stary Targ (poln.) 48, 53
Altranstädt 82
Alver, Betti 165
Arensburg/Kuressaare 82

B
Baer, Karl Ernst von 108, 109, 110
Beethoven, Ludwig van 135
Bevk, Matija. Siehe Bevk Perović Arhitekti

Bock, Magnus Johann von 115
Bock, Wilhelm 122
Braunsberg/Braniewo (poln.) 50
Breschnew, Leonid (Generalsekretär der KPdSU 1964–1982, Vorsitzender des Präsidiums des obersten Sowjets der UdSSR 1977–1982) 181, 190
Brest-Litowsk 150, 151
Bunge, Friedrich Georg von 111, 128

C
Cederberg, Arno Rafael 167
Charkiw/Charkow 112
Craffström, Gustav 112
Churchill, Winston (brit. Premierminister 1940–1945 und 1951–1955) 176
Chruschtschow, Nikita (Erster Sekretär der KPdSU 1953–1964, Vorsitzender des Ministerrats der UdSSR 1958–1964) 181

D
Dahlbergh, Erik 58, 76

Danzig/Gdańsk 170
David, Ferdinand 124
Dietrich Damerow (Bischof von Dorpat 1379–1400) 28
Dmitrij Aleksandrovič (Fürst von Nowgorod 1259–1266, Großfürst von Wladimir 1276–1294) 18
Dolničar, Janez Gregor. Siehe Thalnitscher, Johann Gregor
Dorell, Dan 198
Dubček, Alexander (Generalsekretär der Kommunistischen Partei der Tschechoslowakei 1968–1969) 184
Düna/Daugava (lett.) 14, 15

E
Eisen, Johann Georg 99, 100
Eller, Heino 166
Embach/Emajõgi 9, 10, 11, 18, 32, 43, 47, 62, 64, 80, 81, 92, 94, 95, 118, 120, 123, 138, 144, 156, 163, 164, 173, 174, 179, 185, 188, 189, 190, 198
Errestfer/Erastvere 79
Ewers, Gustav 111

F
Faehlmann, Friedrich Robert 133
Falkenau/Kärkna 40
Fellin/Viljandi 9, 62, 121, 141

Fischer, Johann 66, 67
Fleming, Lars Klasson 57
Forselius, Bengt Gottfried 66, 67
Friedrich August, genannt August der Starke (Kurfürst von Sachsen 1694–1733, König von Polen und Großfürst von Litauen 1697–1706 und 1709–1733) 77, 80, 82
Friedrich IV. (König von Dänemark 1699–1730) 77

G
Gadebusch, Friedrich Konrad 89
Gardie, Jakob de la 51
Gezelius, Johann 72
Ghotmeh, Lina 198
Gilläus, Martin 73
Glinskij, Michail 36
Gorbatschow, Michail (Generalsekretär des Zentralkomitees der KPdSU 1985–1991 und Staatspräsident der UdSSR 1990–1991) 192
Greifswald 69, 72, 89
Grenzius, Michael Gerhard 101
Grewingk, Victor von 122
Grün, Anastasius. Siehe Auersperg, Anton Alexander Graf

Gustav II. Adolf (König von Schweden 1611–1632) 53, 54, 69, 71, 181
Gutslaff, Johannes 73

H
Hahn, Traugott 152
Halle a. d. Saale 103
Hamburg 21
Hastfer, Jakob Johan 58, 59
Heidenstein, Reinhold 46
Heinrich von Lettland 14, 15
Heinrich (VII.) (röm.-dt. König und König von Sizilien 1220–1242) 17
Hellat, Georg 144
Helmich Helmich von Mallinkrodt (Bischof von Dorpat 1459–1468) 26
Helsingfors/Helsinki (finn.) 84
Hermaküla, Evald 185
Hermann (Bischof von Leal 1220–1224, Bischof von Dorpat 1224–1245) 15, 17
Hermann II. Wesel (Bischof von Dorpat 1554–1558) 40
Hiärn, Thomas 73
Hindrey, Karl August 175
Hitler, Adolf (dt. Reichskanzler 1933–1945) 169, 170, 175, 177
Hofmann, Melchior 37, 38
Holenbeke, Johan 22
Hoyngh, Johan 22
Huaynaputina-Vulkan 48
Hummelshof/Hummuli 79
Hupel, August Wilhelm 101

I
Isidor (Metropolit von Kiew 1437–1458) 27
Ird, Kaarel 185
Ivan III. (Großfürst von Moskau 1462–1505) 34, 39
Ivan IV. Groznyj (Großfürst von Moskau 1533–1547 und russ. Zar 1547–1584) 45
Izjaslav Jaroslavič (Großfürst von Kiew 1054–1073 und 1077–1078) 13

J
Jänes, Mart 160, 161
Jannsen, Johann Voldemar 133, 134, 135
Jaroslav Vladimirovič (Fürst von Nowgorod 1182–1184, 1187–1196 und 1197–1199) 13
Jaroslav Vladimirovič (Fürst von Nowgorod und Großfürst von Kiew 1019–1054) 11, 12, 13
Jena 99, 101, 103
Johannes Bey (Bischof von Dorpat 1528–1543) 37, 38
Johannes Blankenfeld (Bischof von Dorpat 1518–1527, Erzbischof von Riga 1524–1527) 37
Joseph von Fraunhofer 110

K

Käbin, Johannes (Ivan) (Vorsitzender der Kommunistischen Partei Estlands 1950–1978, Vorsitzender des Präsidiums des Obersten Sowjets der Estnischen SSR 1978–1983) 181
Kaho, Hugo 167, 168
Kallas, Siim 192
Kangro, Bernard 165
Kardis 58
Karl IV. (röm.-dt. König 1346–1378, Kaiser 1355–1378) 28
Karling, Sten 167
Karl XII. (König von Schweden 1697–1718) 58, 78, 79
Karl XI. (König von Schweden 1672–1697) 58, 66, 70
Karthausen, Hans 47
Kasan 83, 112
Katharina II. (russ. Kaiserin 1762–1796) 87, 88, 89, 91, 95, 98, 99, 102, 121
Kekkonen, Urho (Präsident Finnlands 1956–1982) 183
Kempf, Mathias 49
Kerin, Miha. Siehe Ambient
Kettunen, Lauri 167
Keyserling, Alexander von 113
Kivirähk, Andrus 188
Klement, Feodor 181, 183
Klinger, Friedrich Maximilian 112

Koidula, Lydia 134
Kokenhusen/Koknese 15
Köln 34
Königsberg 72, 98, 106, 109
Koop, Arnold 189, 190
Koppel, Heinrich 167
Kõpp, Johan 166, 167
Kostroma 43
Krause, Johann Wilhelm 93, 115
Kregar, Majda. Siehe Ambient
Kremser Schmidt. Siehe Schmidt, Martin Johann
Kreutzwald, Friedrich Reinhold 133
Kropp, Claus 83
Kruse, Elert 43, 44
Künnapu, Vilen 198
Kuperjanov, Julius 152
Kuusik, Edgar Johan 163

L

Laar, Mart (estn. Ministerpräsident 1992 bis 1994 und 1999–2002) 196
Lais/Laiuse 78
Lannoy, Ghillebert de 27
Leal/Lihula 15
Leipzig 103, 107, 111, 128
Lenin, Wladimir (Regierungschef der russ. RSFSR 1917–1924 und der UdSSR 1922–1924) 172, 181
Lenz, Christian David 98
Lindgren, Armas 144, 188

Liphardt, Karl Gotthard von 124
Liszt, Franz 124
Litauen 14, 45, 169, 170, 194
Litzmann, Karl Siegmund 174
Livland 14, 15, 17, 22, 26, 27, 28, 33, 35, 36, 37, 38, 39, 40, 41, 43, 45, 46, 47, 48, 53, 54, 56, 57, 58, 61, 65, 66, 67, 68, 72, 75, 76, 77, 78, 79, 80, 82, 84, 85, 86, 88, 89, 90, 91, 92, 96, 97, 98, 99, 101, 102, 106, 116, 117, 118, 121, 129, 130, 147, 153, 155
Löschern, Carl Gustav 80
Lotman, Juri 190
Lübeck 14, 18, 20, 22, 34, 36, 38, 66
Luht, Heinrich 147
Luik, Karl 156
Lund 69
Lüneburg 35
Luther, Martin 37, 38

M
Maarjamõisa/Marienhof 163
Made, Tiit 192
Mäe, Hjalmar (Generaldirektor für innere Angelegenheiten der Estnischen Selbstverwaltung 1941–1944) 174, 175
Mägi, Konrad 165
Manninen, Ilmari 167
Marienburg/Alūksne (lett.) 35

Marsow, Hermann 37
Masing, Uku 165
Matteus, Arnold 162, 163, 188
Mattiesen, Carl Emil Johann 128
Maydell, Friedrich Ludwig von 124
Melk, Georg 87
Menius, Friedrich 72
Menning, Karl 144
Meri, Lennart (estn. Präsident 1992–2001) 196
Mitau/Jelgava (lett.) 105, 106, 124, 128
Mohn/Muhu 110
Moresin, Abraham 83
Moskau 27, 34, 36, 39, 40, 41, 43, 44, 45, 47, 49, 57, 83, 89, 112, 114, 124, 181, 183, 184, 190, 194
Müürisepp, Aleksei 183

N
Narwa/Narva 9, 32, 58, 60, 74, 75, 78, 79, 80, 82, 91, 96, 118, 120, 151, 153, 176, 177
Neuhausen/Vastseliina 35, 39, 61
Niebur, Johann 34
Nikisch, Arthur 128
Nikolaus II. (russ. Kaiser 1894–1917) 139, 146
Nikolaus I. (russ. Kaiser 1825–1855) 112, 113

Ningal/Raudna 9
Nowgorod 12, 13, 14, 15, 18, 22, 24, 27, 33, 34, 35, 39
Nürnberg 69
Nyenstede, Franz 44
Nystad/Uusikaupunki (finn.) 84, 97

O
Oberpahlen/Põltsamaa 101
Odenpäh/Otepää 13, 15, 18
Oettingen, Georg von 122
Oldekop, Gustav Adolph 132
Oliva/Oliwa (poln.) 58
Oman, Rok. Siehe Ofis arhitekti
Ösel/Saaremaa 13, 56, 86, 110
Ostwald, Wilhelm 111
Oxenstierna, Axel 54
Oxenstierna, Bengt Bengtson 54, 62

P
Paasikivi, Juho Kusti (Präsident Finnlands 1946–1956) 154
Pacius, Fredrik 135
Padrik, Ain 198
Parrot, Georg Friedrich 106
Patkul, Johann Reinhold 77, 78
Päts, Konstantin (mehrfach estn. Ministerpräsident, Staatshaupt und Präsident zwischen 1918 und 1940) 141, 157, 158, 162, 172

Paul I. (russ. Kaiser 1796–1801) 91, 103, 105, 121
Peegel, Juhan 188
Peipussee/Peipsi 9, 16, 18, 23, 28, 39, 62, 80, 118
Pernau/Pärnu 9, 16, 22, 33, 60, 62, 70, 74, 76, 82, 93, 96, 102, 105, 106, 118, 134
Perović, Vasa J. Siehe Bevk Perović Arhitekti
Peter III. (russ. Kaiser 1762) 99
Peter I. (russ. Zar 1682–1721, russ. Kaiser 1721–1725) 77, 78, 79, 80, 81, 82, 83
Peterson, Kristian Jaak 133
Peter von Biron (Herzog von Kurland-Semgallen 1769–1795) 105
Petri, Johann Christoph 92
Pirogov, Nikolai 108
Pleskau/Pskow (russ.) 9, 14, 16, 18, 24, 27, 33, 34, 35, 39, 40, 45, 47, 56, 57, 61, 62, 80, 81, 118, 120, 151, 152, 153, 177
Põld, Peeter 166
Poltawa 84
Possevino, Antonio 45
Puusepp, Ludvig 166

R
Raag, Arno 171
Rachelius (Rachel), Joachim 72
Radziwill, Georg Kardinal 48
Raicus, Johannes 69

Ratshof/Raadi 124, 177, 180
Raud, Mart 172
Rauschert, Chilian 67
Reiman, Villem 181
Reinhardt, Max 144
Reuter, Johannes 69
Reval/Tallinn 17, 18, 21, 22, 25, 33, 34, 41, 44, 47, 54, 57, 59, 60, 62, 70, 74, 75, 82, 84, 93, 96, 101, 117, 118, 120, 124, 125, 128, 134, 141, 142, 143, 149, 151, 152, 155, 156, 158, 159, 163, 164, 165, 169, 174, 189, 196, 198, 199
Riga/Rīga (lett.) 14, 15, 17, 18, 21, 25, 33, 34, 35, 37, 44, 47, 48, 54, 56, 57, 58, 61, 65, 70, 74, 78, 84, 86, 90, 93, 98, 101, 102, 111, 117, 118, 120, 124, 125, 128, 129, 130, 133, 134, 146, 148, 151, 155
Roosevelt, Theodore (US-Präsident 1901–1909) 176
Rostock 72, 96
Roth, Johann Philipp von 132
Rummo, Paul-Eerik 185
Russow, Balthasar 41, 42

S
Saarinen, Eliel 145
Sadar, Jurij. Siehe Sadar+Vuga Arhitekti
Saleman, Georg 73
Samarin, Juri 112
Samson, Hermann 65

Savisaar, Edgar (estn. Ministerpräsident 1990–1992) 192, 195
Scheremetjew, Boris 79, 81
Schirren, Carl Emil Johann 111, 112
Schlippenbach, Wolmar Anton von 79
Schmidt, Carl Ernst Heinrich 110
Schmidt, Hermann Adolf Alexander 110
Schukowski, Vasilij 138
Schumann, Clara 124
Senff, Carl August 124
Sittasolick, Hans 64
Skytte, Carl Gustav 81
Skytte, Jacob 71
Skytte, Johan 53, 54, 61, 68, 69, 81
Stalin, Josef ((General-)Sekretär der Kommunistischen Allunionspartei (Bolschewiki) 1922–1953) 169, 170, 172, 175, 180, 181, 182
Starkopf, Anton 165
Stephan Báthory (König von Polen und Großfürst von Litauen 1576–1586) 45, 46
Stockholm 54, 61, 67, 106
Strachwitz, Hyazinth von 177
Straßburg/Elsass 38
Struve, Friedrich Georg Wilhelm 110

Stuhmsdorf/Sztumska Wieś (poln.) 53
Šuiskij, Petr 40
Suzdal 15

T
Tallgren, Aarne Michaël 167
Tammsaare, Anton Hansen 131
Tane, Tsuyoshi 198
Taps/Tapa 120
Taube, Johann 43, 44
Techelfer/Tähtvere 118, 121
Tennasilm/Tänassilma 9
Tenner, Carl Gustav 110
Tippel, Voldemar 163
Titma, Mikk 192
Tõnisson, Aleksander 158, 163
Tõnisson, Jaan 141, 144, 146, 156, 157, 158
Tooming, Jaan 185
Traventhal 78
Treffner, Hugo 131
Trubezkoj, Alexei 56
Tubin, Eduard 166
Tuglas, Friedebert 168

U
Uglitsch 43
Ulmann, Karl Christian 113
Uluots, Jüri 176
Uppsala 69, 70, 71, 72
Ustjug 83
Uvarov, Sergej 113

V
Vabbe, Ado 165
Vähi, Tiit 195
Valgre, Raimond 162
Valk, Heinz 195
Vauban, Sébastian Le Prestre de 76
Venedig 36
Videčnik, Špela. Siehe Ofis arhitekti
Viiralt, Eduard 165
Villebois, Alexander de 95
Virginius, Adrian 83
Visby 21
Vjačko (Fürst von Kokenhusen, † 1224) 15
Vsevolod Mstislavič (Fürst von Nowgorod 1117–1136 und von Pskow 1137–1138) 13
Vuga, Boštjan. Siehe Sadar+Vuga Arhitekti

W
Waldemar IV. (König von Dänemark 1340–1375) 34
Walk/Valga/Valka (lett.) 120, 163, 199
Wallisaar 57
Walter, Heinrich 96
Warbeck/Kastre 75, 80
Warnecke, Joachim 61
Warschau 120
Wenden/Cēsis 48, 153
Wickewoorth, Johann 62

Wierland/Virumaa 108
Wilna/Vilnius (lit.) 48, 50, 112
Winnig, August 151
Wirzsee/Võrtsjärv 9, 16, 62
Wittenberg 38, 66, 69, 72
Witten, Franz 38
Wladimir 15, 18, 43

Wladimir, russ. Großfürst, Bruder von Alexander III. 136
Wologda 83
Woronesch 145, 150

Z
Zamoyski, Jan 45, 46

Das Deutsche Kulturforum östliches Europa engagiert sich für die zukunftsorientierte Vermittlung deutscher Kultur und Geschichte des östlichen Europa und will damit einen nachhaltigen Beitrag zur Stärkung europäischer Identität leisten. Dabei sind alle Regionen im Blick, in denen Deutsche gelebt haben oder bis heute leben. Das als gemeinsame Grundlage verstandene kulturelle Erbe ist für das Kulturforum ein Element des Brückenbaus zwischen Deutschland und diesen Regionen. Eine lebendige Erinnerungskultur im Dialog mit Partnern aus den Ländern des mittleren und östlichen Europa dient der Versöhnung und Völkerverständigung. Das Kulturforum versteht sich als Vermittler zwischen Ost und West, zwischen Wissenschaft und Öffentlichkeit, zwischen Institutionen und Einzelinitiativen.

Zum Programmangebot des Kulturforums gehören Podiumsgespräche, Lesungen, Vorträge, Wanderausstellungen, Preisverleihungen, Filmvorführungen, Konzerte und Workshops. In seiner Potsdamer Bibliothek östliches Europa erscheinen Sachbücher und Kulturreiseführer. In seinen Magazinen Blickwechsel und Kulturkorrespondenz östliches Europa präsentiert das Kulturforum den Facettenreichtum deutscher Kultur und Geschichte im östlichen Europa aktuell und visuell ansprechend. Unter www.kulturforum.info, auf der Facebook- und Instagram-Seite sowie über den YouTube- und Spotify-Kanal des Kulturforums können Filme, Video- und Audiomitschnitte oder Hinweise auf analoge und digitale Angebote zum Themenbereich abgerufen werden.

Publikationen des Deutschen Kulturforums östliches Europa

Marcin Wiatr
Literarischer Reiseführer Galizien
Unterwegs in Polen und der Ukraine
Mit zahlr. farb. u. S.-W.-Abb., Zeittafel,
ausführl. Registern u. mehrsprachigen Karten
476 S., Integralbroschur m. Lesebändchen
€ [D] 19,80/€ [A] 20,40
ISBN 978-3-936168-77-8

Galizien ist fester Bestandteil des Habsburgermythos und Inbegriff weltverlorener Abgeschiedenheit, ostjüdischer Kulturtraditionen, kakanischer Lebensart und unbeschreiblicher Armut. Auch wenn es das supranationale Gebilde namens Habsburgermonarchie, zu dem Galizien zwischen 1772 und 1918 gehörte, nicht mehr gibt, lebt die Region in der Literatur fort. Das Buch führt an Orte europäischer Geschichte im Südosten Polens und im Westen der Ukraine – von Krakau über Tarnow bis nach Brody sowie von Lemberg über Drohobytsch, Stanislau/Iwano-Frankiwsk und Boryslau bis nach Zakopane. Marcin Wiatr ruft uns ins Bewusstsein, dass Galizien historische Lektionen bereithält, die uns alle in Europa angehen.

Ute Schmidt
Bessarabien
Deutsche Siedlungen am Schwarzen Meer
3., aktual. Aufl. Mit zahlr. farb. u. S.-W.-Abb.,
Kartenteil u. Übersichtskarte in Einstecktasche,
Zeittafel u. ausführl. Registern
420 S., gebunden
€ [D] 19,80/€ [A] 20,40
ISBN 978-3-936168-89-1

Das Buch über die gut 125-jährige Vergangenheit (1814–1940) der deutschen Siedlungen an der nordwestlichen Schwarzmeerküste beschreibt die Herkunft der Bessarabiendeutschen, ihre von lokaler Autonomie und protestantischer Ethik geprägte ländliche Kultur sowie das Zusammenleben mit den anderen Nationalitäten wie Rumänen, Ukrainern, Russen, Juden und Bulgaren.

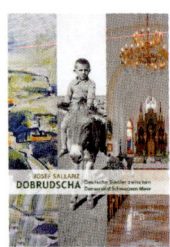

Josef Sallanz
Dobrudscha
Deutsche Siedler zwischen Donau und Schwarzem Meer

Mit zahlr. farb. u. S.-W.-Abb.,
Übersichtskarte u. ausführl. Registern
262 S., gebunden
€ [D] 19,80/€ [A] 20,40
ISBN 978-3-936168-73-0

Das Buch widmet sich der historischen Region Dobrudscha, die zwischen dem nördlichen Donaudelta und der südlichen Landschaft Ludogorie liegt. Bereits seit der Antike zogen Menschen durch die Steppen am Schwarzen Meer in Richtung Süden und hinterließen ein Gemisch an Sprachen, Konfessionen und Alltagskultur. Nach fünfhundert Jahren unter osmanischer Herrschaft siedelten sich Mitte des 19. Jahrhunderts erste Deutsche aus dem nördlich an die Donau grenzenden Bessarabien, aus dem Gouvernement Cherson, aus Polen, Wolhynien, Galizien und aus dem Kaukasus an. Der Politikwissenschaftler und Humangeograf Josef Sallanz zeigt, welche Kulturtraditionen die Landschaft teilweise bis heute prägen.

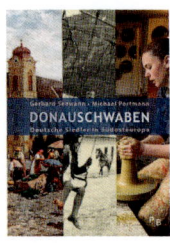

Gerhard Seewann, Michael Portmann
Donauschwaben
Deutsche Siedler in Südosteuropa

2., aktualisierte u. korrigierte Auflage
Mit zahlr. farb. u. S.-W.-Abb.,
Karten u. ausführl. Registern
371 S., gebunden
€ [D] 19,80/€ [A] 20,40
ISBN 978-3-936168-88-4

Von Ulm aus fuhren im 18. Jahrhundert regelmäßig Schiffe nach Wien, beladen mit Menschen aus den Territorien des Heiligen Römischen Reiches Deutscher Nation. Ihr Ziel war das Königreich Ungarn, das die Habsburger von der osmanischen Besatzung befreit hatten. Sie verließen ihre Heimat in der Hoffnung auf eine bessere Zukunft im »Ungarland«, wo man dringend Arbeitskräfte benötigte. Dort nannte man die Eingewanderten unabhängig von ihrer Herkunft »Schwaben«. Nach dem Ersten Weltkrieg wurden die Grenzen im Südosten Europas neu gezogen, so dass die Schwaben nun zu den deutschen Minderheiten in Rumänien, Ungarn und Jugoslawien zählten. Nach dem Zweiten Weltkrieg verloren Zehntausende Donauschwaben durch Flucht, Vertreibung, Internierung und Deportation ihre Heimat, viele auch ihr Leben.

Peter Oliver Loew
Literarischer Reiseführer Danzig
Acht Stadtspaziergänge

2., aktualisierte u. korrigierte Auflage
Mit zahlr. farb. u. S.-W.-Abb., Kurzbiogr.,
Zeittafel, ausführl. Registern u. zweispr. Karten
408 S., Integralbroschur m. Lesebändchen
€ [D] 19,80/€ [A] 20,40
ISBN 978-3-936168-79-2

Danzig mit seiner deutschen und multikulturellen Geschichte ist nicht nur literarischer Ort der Werke von Günter Grass, sondern auch vieler anderer deutscher und polnischer Literaturschaffender vom Barock bis zur Gegenwart. In acht Spaziergängen präsentiert der Slawist und Historiker Peter Oliver Loew, Spezialist für Geschichte und Gegenwart Danzigs, Texte von Joseph von Eichendorff, Johanna Schopenhauer, Alfred Döblin, Stefan Chwin, Paweł Huelle sowie vielen anderen Autorinnen und Autoren. Zugleich führt Loew die Lesenden kenntnisreich durch das »Venedig des Nordens«.

Roswitha Schieb
Literarischer Reiseführer Breslau
Sieben Stadtspaziergänge

3., aktualisierte u. korrigierte Auflage
Mit zahlr. farb. u. S.-W.-Abb., Kurzbiogr.,
Zeittafel, ausführl. Registern u. zweispr. Karten
404 S., Integralbroschur m. Lesebändchen
€ [D] 19,80/€ [A] 20,40
ISBN 978-3-936168-85-3

Ein Gang durch die Literaturstadt Breslau, Zentrum des Humanismus und der deutschen Barockdichtung, Wirkungsstätte bedeutender Autoren und Autorinnen wie Gerhart Hauptmann oder Olga Tokarczuk, in den 1920er Jahren Keimzelle der Hörfunk-Avantgarde und seit den 1970er Jahren Anziehungspunkt für herausragende polnische Dichter und Theatermacher. 2016 wurde Breslau Kulturhauptstadt Europas und UNESCO-Weltbuchhauptstadt. Die überarbeitete Neuauflage des Klassikers aus dem Verlagsprogramm des Kulturforums präsentiert Zitate vom 14. bis zum 21. Jahrhundert sowie umfassende Informationen zu Kultur und Geschichte der UNESCO-Literaturstadt.